广西哲学社会科学规划项目（20FJY018）"林业生态扶贫脱贫
与广西石漠化地区乡村振兴衔接机制研究"

新时代乡村振兴路径研究书系

林业生态扶贫脱贫与乡村振兴
衔接机制研究

——以广西石漠化地区为例

覃凡丁　奉钦亮／著

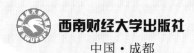

西南财经大学出版社

中国·成都

图书在版编目（CIP）数据

林业生态扶贫脱贫与乡村振兴衔接机制研究:以广西石漠化地区为例/
覃凡丁,奉钦亮著.—成都:西南财经大学出版社,2023.4
ISBN 978-7-5504-5701-0

Ⅰ.①林… Ⅱ.①覃…②奉… Ⅲ.①林业—生态型—扶贫—研究—
广西 Ⅳ.①F127.67

中国国家版本馆 CIP 数据核字（2023）第 040812 号

林业生态扶贫脱贫与乡村振兴衔接机制研究——以广西石漠化地区为例
LINYE SHENGTAI FUPIN TUOPIN YU XIANGCUN ZHENXING XIANJIE JIZHI YANJIU——YI GUANGXI SHIMOHUA DIQU WEI LI
覃凡丁　奉钦亮　著

责任编辑:王　利
责任校对:植　苗
封面设计:墨创文化
责任印制:朱曼丽

出版发行	西南财经大学出版社(四川省成都市光华村街 55 号)
网　址	http://cbs.swufe.edu.cn
电子邮件	bookcj@ swufe.edu.cn
邮政编码	610074
电　话	028-87353785
照　排	四川胜翔数码印务设计有限公司
印　刷	四川五洲彩印有限责任公司
成品尺寸	170mm×240mm
印　张	11.75
字　数	220 千字
版　次	2023 年 4 月第 1 版
印　次	2023 年 4 月第 1 次印刷
书　号	ISBN 978-7-5504-5701-0
定　价	68.00 元

前　言

　　林业拥有丰富的林业资源和生态优势,在深度贫困地区决胜扶贫脱贫攻坚战中发挥了极大作用。习近平总书记明确指出:许多贫困地区一说穷,就说穷在了山高沟深偏远。其实,这些地方要想富,恰恰要在山水上做文章。习近平总书记认为,要把生态补偿扶贫作为双赢之策,让有劳动能力的贫困人口实现生态就业,既加强生态环境建设,又增加贫困人口就业收入。为此,自党的十八大以来,党中央和政府及其相关部门单独或联合出台了100多个支持林业生态扶贫脱贫的政策文件或实施方案,广西壮族自治区区委和政府及其相关职能部门也出台和完善了"1+N"林业生态扶贫脱贫攻坚系列政策文件或实施方案,建立了相对完备的林业生态扶贫脱贫攻坚政策体系和制度体系。进入2020年以后,广西壮族自治区已经历史性地解决了绝对贫困问题并全面建成小康社会。今后需要考虑的是如何使扶贫脱贫攻坚相关措施与乡村振兴政策有效衔接,需要考虑的是哪些在扶贫脱贫攻坚战中做出重要贡献的政策需要继续执行,哪些政策需要调整,还需要出台哪些新政策等问题。

　　首先,本研究从林业产业扶贫、林业科技扶贫、生态补偿扶贫、国土绿化扶贫四个方面系统梳理林业生态扶贫政策的政策体系。其次,本研究运用调研数据,将线性回归模型与倾向得分匹配法相结合,分析林业生态扶贫脱贫政策对农户家庭总收入的影响是否显著。结果显示:林业生态工程、林业产业、林业培训等林业生态扶贫脱贫政策体系不仅对农户家庭收入有正向影响,而且模型通过了显著性检验与稳定性检验。进一步分析发现,通过实施在石漠化地区提供公益性岗位如生态护林员等林业就业政策,可以有效地、及时地解决广西石漠化地区贫困人口就业问题并提高其家庭收入。但目前来看,还需要通过定向扶持、林业产业扶贫等方式让老弱病残类贫困户家庭增加工资性收入和生产经营性收入,且林业生态扶贫可持续发展机制还需要进一步完善。然后,基于调研数据,本研究将层次分析法与因子分析法相结合,对林业生态扶贫政策的综合效果进行了评价,其值为1.3646,介于非常满意与满意之间,且偏向于非常满意,充分表明林业生态扶贫对广西石漠化地区的经济发展做出了重要贡献，农户对林业生态扶贫政策及工作认同度很高。

林业生态扶贫工作在脱贫攻坚过程中发挥了不可或缺的巨大作用。2020年既是我国脱贫攻坚的收官之年，又是深化实施乡村振兴战略的开局之年，是构建林业生态扶贫政策与乡村振兴政策有效衔接机制的重要时刻。为进一步验证林业生态扶贫政策与广西石漠化地区乡村振兴政策的衔接程度，本研究选取了50个指标并运用层次分析法（AHP）与模糊综合评价法对林业生态扶贫政策与广西石漠化地区乡村振兴政策衔接程度进行系统性评价。结果显示：35.89%的农户认为林业生态扶贫政策与乡村振兴政策衔接非常好，且后续持续向好；22.62%的农户认为林业生态扶贫政策与乡村振兴政策衔接较好；1.77%和7.66%的农户认为林业生态扶贫政策与乡村振兴政策衔接非常不好和不好，但是占比较小；32.13%的农户认为林业生态扶贫政策与乡村振兴政策衔接一般。综上所述可知，目前随着林业生态扶贫政策逐渐向乡村振兴政策转变并与之衔接，林业生态扶贫政策与乡村振兴政策衔接程度呈现出日益向好的趋势，各部门应该进一步加强沟通，促进其更好地衔接。二者接续状态总体向好，但目前也存在产业兴而不旺、生态景观不够精致、乡风文明建设滞后、乡村治理效率不高、科技支持力度不足等问题。

基于以上研究结果，为推进减贫战略和实施乡村振兴战略两者工作体系平稳衔接，本研究有针对性地探索与研究更加符合农村、林业草原、林农实际的2020年以后林业生态扶贫政策与广西石漠化地区实施乡村振兴战略衔接机制。首先是要精神聚合：以精神动能统领乡村振兴与林业生态扶贫。其次是要坚持目标结合：实现广西石漠化地区乡村振兴与林业生态扶贫战略目标接续融合。再次是要坚持要素整合：实现广西石漠化地区乡村振兴与林业生态扶贫各要素系统衔接。最后是要实现体系融合：实现广西石漠化地区乡村振兴与林业生态扶贫机制有机结合。因此，我们认为应当坚持因地制宜、分类推进的原则，针对地区、乡村发展基础和阶段的差异性，先行先试，逐步完成衔接。

在本书的最后，本研究提出了继续深化集体林权制度改革、推动林业产业兴旺、传承发扬森林生态文明、建设宜居生态环境、创新林区治理体系、夯实和巩固林业生态扶贫成果的兜底保障制度基础、完善法人（团队）科技特派员制度等林业生态扶贫脱贫措施与广西石漠化地区乡村振兴政策衔接等内容；从发挥各部门的领导核心作用、加强复合型人才培养、促进复合型人才潜力发挥、加大财税金融政策支持力度、保障土地供应、加大科技支持力度等角度提出了实现广西石漠化地区乡村振兴与林业生态扶贫机制的保障措施。

覃凡丁

2023 年 2 月

目　录

1 研究的背景、意义与基础

1.1 研究的背景

　　贫困一直伴随着人类社会进步与发展进程，至今大多数发展中国家和地区依然受其困扰。近些年来，广西石漠化地区紧跟党中央和政府步伐，长期致力于缓解和消除贫困，在探索中国特色减贫与消除贫困道路上，充分发挥资源优势，因地制宜，让石漠化地区贫困人口成功摆脱了贫困，创造了人类减贫史上的奇迹，成为世界减贫史上的中国重要方案之一。自党的十八大以来，党中央和政府及其相关部门单独或联合出台了 100 多个支持林业生态扶贫脱贫的政策文件或实施方案，广西壮族自治区区委和政府及其相关职能部门也出台和完善了 "1+N" 林业生态扶贫脱贫攻坚系列政策文件或实施方案，建立了相对完备的林业生态扶贫脱贫攻坚政策体系和制度体系。步入 2020 年，广西壮族自治区已经历史性地解决了绝对贫困问题并全面建成小康社会。今后需要考虑的是如何使扶贫脱贫攻坚相关措施与乡村振兴政策有效衔接，需要考虑的是哪些在扶贫脱贫攻坚战中做出重要贡献的政策需要继续执行，哪些政策需要调整，还需要出台哪些新政策等问题。为此，我们需要通过分析稳定脱贫质量、推进乡村振兴战略实施所产生的积极推动作用来判断这些扶贫脱贫政策的成果，从而做出选择。

　　广西石漠化地区包括南宁、柳州、桂林、百色、河池、来宾、崇左 7 市的 35 个县（区）、416 个乡镇、5 027 个行政村，土地面积 10.02 万平方千米，占全区总面积的 42.2%。石漠化地区位于桂西北、桂西南地区，处于云贵高原向丘陵过渡地带，西南毗邻越南，西与云南相连，北与湖南、贵州接壤，地处珠江、湘江上游，境内有红水河、左江、右江、融江、资江、百都河等主要河流，是我国水能资源蕴藏量比较丰富的地区。宁明、龙州、大新、靖西、那坡

5县与越南接壤，陆地边境线长795.5千米，占广西陆地边境线的78%。2020年3月6日，习近平总书记在决战决胜脱贫攻坚座谈会上的重要讲话中强调指出：要针对主要矛盾的变化，理清工作思路，推动减贫战略和工作体系平稳转型，统筹纳入乡村振兴战略，建立长短结合、标本兼治的体制机制。李克强总理在政府工作报告中对接续推进脱贫成果巩固与乡村振兴有效衔接做出工作部署。进入"脱贫成果巩固时代"，面对生态修复、脱贫巩固、乡村振兴三重挑战，如何贯彻落实"绿水青山就是金山银山"理念，切实把脱贫攻坚成果巩固和乡村振兴的"接力棒"交接好，是现阶段广西石漠化地区巩固脱贫攻坚成果，有效有序推进已脱贫地区经济与社会发展和已脱贫人口生活改善时需要重点关注的重大现实问题。

2020年，广西壮族自治区区委和政府通过整合并落实林业生态扶贫脱贫资金、大力发展绿色富民林业生态产业、夯实林业基础、强化林业生态扶贫科技支持、加大生态补偿力度、稳步推进生态护林员选聘等工作，带动了超过13万户贫困户"在家门口脱贫"。石漠化地区曾是脱贫攻坚的重点，当前则是衔接乡村振兴的难点。当前正是林业生态扶贫脱贫攻坚和石漠化地区乡村振兴的历史交汇期、政策叠加期，因此，林业生态扶贫脱贫攻坚与实现广西石漠化地区乡村振兴成为研究热点，吸引了众多专家和学者进行研究。

1.2 研究的意义

进入2020年以后，随着人们的生活逐步步入小康，广西石漠化地区的致贫返贫因素与贫困类型将发生新变化，扶贫管理的碎片化、扶贫资源的部门化与扶贫工作整体性推进要求之间的矛盾日益突出。因此，在"后扶贫时代"，巩固脱贫成果需要转变扶贫战略思路、调整扶贫工作体系与健全扶贫制度体系，是继续深入实施林业生态扶贫接续政策必须考虑的问题，且将对稳定林业生态扶贫脱贫成果质量、推进广西石漠化地区乡村振兴战略实施产生重要的战略意义。一是立足于既定目标，梳理与审视现有林业生态工程、林业就业、林业产业、林业培训、林业科技等林业生态扶贫脱贫政策体系，不断出台、修订、优化林业生态扶贫脱贫政策，确保完成广西石漠化地区脱贫攻坚战略任务；二是基于现有问题，前瞻与预判2020年以后广西石漠化地区巩固扶贫脱贫成果的林业生态扶贫政策接续体系，确保林业生态扶贫脱贫成果巩固与广西石漠化地区乡村振兴政策有效衔接，健全巩固脱贫成果的长效机制。

1.2.1 学术意义

当前是从扶贫到脱贫再由脱贫到乡村振兴两个紧密衔接的递进阶段,是扶贫脱贫成果巩固和乡村振兴的历史交汇期、政策叠加期,不仅需要建立一个交叉立体、多维全覆盖、系统化的扶贫脱贫政策体系以指导解决现行标准下整体贫困问题,更要科学规划与实施广西石漠化地区乡村振兴战略。因此,从产业兴旺、生态宜居、乡风文明、治理有效、生活富裕等多视角研究广西石漠化地区乡村振兴以及扶贫脱贫政策稳定接续问题和多维度剖析广西石漠化地区乡村振兴模式与综合性扶贫脱贫路径选择及其表现形式,既有利于在乡村振兴战略指引下对脱贫成果巩固进行再定义,又有利于在脱贫成果巩固过程中对乡村振兴进行再认识。这不仅可以引领当前和今后一段时期林业生态扶贫脱贫成果巩固和广西石漠化地区乡村振兴的制度分析、机制构建与政策设计等相关研究,更是新时代中国特色社会主义理论的有益补充,也可以为完善公共管理理论提供思路。

1.2.2 应用意义

林业生态扶贫脱贫成果巩固是广西石漠化地区乡村振兴的重要内容和优先任务。从产业兴旺、生态宜居、乡风文明、治理有效、生活富裕等多个维度做好林业生态扶贫脱贫成果巩固与广西石漠化地区乡村振兴政策衔接,既是巩固林业生态扶贫脱贫攻坚成果的迫切需要,又是广西石漠化地区乡村长远发展和区域协调发展的客观需要和必然选择。构建林业生态扶贫脱贫成果巩固与广西石漠化地区乡村振兴政策衔接机制,做好林业生态扶贫脱贫成果与乡村振兴政策有机衔接的探索和实践,不仅有利于促进贫困群众稳定脱贫和广西石漠化地区经济与社会持续发展,还有利于更好地巩固脱贫成果,培育长效脱贫机制,更有利于促进广西石漠化地区推动农业农村优先发展。研究林业生态扶贫脱贫成果巩固与广西石漠化地区乡村振兴政策的衔接,不仅可以完善扶贫脱贫成果巩固政策体系,以适应广西石漠化地区经济与社会长期发展和实现乡村振兴总目标的要求,而且可以极大地促进两大战略共同发力,并将进一步促进广西石漠化地区为实现"两个一百年"奋斗目标做出贡献。

1.3 研究的基础

1.3.1 概念界定

1.3.1.1 扶贫

国际上对扶贫开发的定义就是反贫困,英文是"anti-poverty",也就是帮助贫困人口进行生产与生活,帮助其改善自身的贫困状况,加快经济的发展。基于国家自身情况,我国称反贫困为扶贫开发。扶贫开发的宗旨是增加财政收入,发展商品经济,使全国人民都走上共同富裕之路。黄贞[①]指出"在中国,主要的扶贫对象是绝对贫困的人口,即在特定的待发展地区,个人或家庭的收入不能满足最基本生活的那部分贫困群体"。王敏等[②]指出,扶贫是我国各级人民政府帮助待发展地区或贫困人口消除贫困,实现脱贫致富的一种重要方式,在改善待发展地区面貌方面发挥着重要作用。

通过分析相关研究文献,本研究认为,扶贫是指帮助贫困家庭改善自身的贫困状况,促进收入增长,消除贫困。扶贫是政府帮助待发展地区加大人才开发力度、完善农民工人才市场,建立和发展工农业企业、促进生产、摆脱贫困的一种社会工作,对贫困农村实施规划,旨在帮助改善贫困家庭生存条件和扶助待发展地区发展生产,改变穷困面貌。

1.3.1.2 生态扶贫

生态扶贫是基于待发展地区与重点生态功能区的地理空间重叠、项目实施区域重叠和发展目标一致而形成的,是"创新、协调、绿色、开放、共享"五大发展理念在扶贫开发领域的具体体现,是一种新型的可持续的扶贫模式,侧重于生态环境与经济发展的协调统一,目标是实现在生态建设与保护中减贫,在减贫中保护生态环境[③]。生态扶贫是从改变待发展地区的生态环境入手,通过加强基础设施建设来改变待发展地区的生产和生活环境,以提高待发展地区的生态服务功能,最终探索出一条投入少、效益高、符合中国国情的可

---

① 黄贞. 共生视域下民族扶贫政策评估研究:以湖南省慈利县扶贫评估为例 [J]. 青海民族研究, 2015, 26 (3): 55-59.

② 王敏, 方铸, 江淑斌. 精准扶贫视域下财政专项扶贫资金管理机制评估:基于云贵高原 4 个贫困县的调研分析 [J]. 贵州社会科学, 2016 (10): 12-17.

③ 李仙娥, 李倩, 牛国欣. 构建集中连片特困区生态减贫的长效机制:以陕西省白河县为例 [J]. 生态经济, 2014, 30 (4): 115-118.

持续扶贫方式①。杨文举②首次将生态扶贫定义为在已知的生态状况和经济发展水平的条件下，把生态环境保护意识融入生态产业的发展当中，通过保护环境来提升当地的经济发展，最终实现协调发展。但这一定义不够综合全面，没有涉及生态扶贫开发的作用机制，只是从生态建设这一单一方面定义了生态扶贫。笔者认为，查燕等③在2012年更为综合全面地定义了生态扶贫。他们认为，要想彻底改善待发展地区居民的生产和生活条件，只改变生态资源环境是不够的，应大力建设当地基础设施，提升待发展地区生态服务功能。随后，查燕等以全新的视角定义生态扶贫，即从生态人类学的角度出发，强调实现扶贫效益的最大化必须建立在生态系统可以确保可持续发展这个首要前提之下，综合考虑经济与生态环境之间的关系，做到对各项生态服务功能的重复循环利用。这一定义是到目前为止对"生态扶贫"这一概念最为综合完整的概括，同时也为下一步的路径选择做好了铺垫。

尽管各类文献在不断发展和充实生态扶贫概念，但生态扶贫的内在逻辑并未发生根本性改变，生态优先理念得到不断强化。结合相关学者对生态扶贫的定义，本研究认为，生态扶贫是在贯彻国家主体功能区制度基础上，以保护和改善待发展地区生态环境为出发点，以提供生态服务产品为归宿，通过生态建设项目的实施，发展生态产业、构建多层次生态产品与生态服务消费体系、培育生态服务消费市场，以促进待发展地区生态系统健康发展和贫困人口可持续生计能力提升，实现待发展地区经济与社会可持续发展的一种扶贫模式。因而，主体功能区制度是生态扶贫的制度约束，生态建设项目是生态扶贫的项目载体，生态产业发展是生态扶贫的产业支撑，生态服务消费市场建设是生态扶贫的持续动力，生态补偿制度是生态扶贫的制度保障，生态产品的持续供给与生态系统的健康发展是生态扶贫的资源基础，而贫困人口发展能力提升是生态扶贫的最终归宿。

1.3.1.3 林业扶贫

近些年，国内众多学者详细地阐述了林业扶贫的重要性及其意义。林业扶贫在改善待发展地区生态状况、促进农民脱贫致富、构筑国家生态安全屏障、维护国土生态安全、促进民族团结、维护边疆稳定、整合扶贫资源、保障贫困

---

① 章力建，吕开宇，朱立志. 实施生态扶贫战略，提高生态建设和扶贫工作的整体效果 [J]. 中国农业科技导报，2008（1）：1-5.

② 杨文举. 西部农村脱贫新思路：生态扶贫 [J]. 重庆社会科学，2002（2）：36-38.

③ 查燕，王惠荣，蔡典雄，等. 宁夏生态扶贫现状与发展战略研究 [J]. 中国农业资源与区划，2012，33（1）：79-83.

人口脱贫及经济的可持续发展等方面具有重要的现实意义①②③。王钢等④从林下经济精准扶贫的内涵入手，认为发展林业与"五大发展理念"高度契合，并且发展林业有利于各类扶贫资源的整合，适应市场经济发展需求。邹全程⑤从改善贫困区生态环境、有利于偏远地区经济发展与安定团结、构建国家生态安全屏障、加快建成小康社会等方面简要概述了林业扶贫的重要意义。此外，林业是一项公益性事业，具有较强的产业功能，森林资源是贫困人口最重要的生产生活资源，发展林业是实现脱贫致富的重要途径。而当前多数待发展地区农耕业不发达，赵荣⑥则认为通过发展林业可以将丰富的森林资源优势转化为经济优势，进而实现可持续发展，避免返贫现象的发生。同时，彭斌、刘俊昌⑦认为待发展地区发展林业可以拓宽就业渠道，促进农民增收；优化要素配置，促进绿色增长；引领社会需求，加快经济发展等。沈茂英、杨萍⑧从经济学角度出发，认为生态扶贫的重点是通过实施生态建设项目构建生态产业价值链和生态服务消费体系，从而形成一个生态服务的消费市场，进而提高待发展地区人口的生计能力，使之稳定脱贫。

通过文献研究可知，林业扶贫通过将天然林资源保护、退耕还林、"三北"（东北、华北、西北）和澄江中上游地区防护林建设、野生动植物保护及自然保护区建设、速生丰产用材林、森林防火、病虫害防治、荒漠化防治、干旱半干旱地区生态综合治理、生态效益补偿等林业工程项目与地区扶贫开发有机结合，既可以增加贫困群众的收入，解决脱贫问题，又可以有效改善区域生态环境状况和基本生产生活条件，增强生态承载能力。从某种意义上讲，重点林业生态工程建设本身就是国家实施的最大的扶贫开发项目，是实现改善生态、发展经济和实现农民增收"三赢"目标的德政工程。

---

① 焦玉海，杨洁. 保护生态与精准脱贫的双赢之策：林业推进精准扶贫精准脱贫综述 [J]. 经济林研究，2017, 35 (2)：2, 233.

② 彭斌，刘俊昌. 民族地区绿色扶贫新的突破口：广西发展林下经济促农增收脱贫路径初探 [J]. 学术论坛，2013, 36 (11)：100-104, 134.

③ 赵荣，杨旭东，陈绍志，等. 林业扶贫模式研究 [J]. 林业经济，2014, 36 (8)：98-102.

④ 王钢，周绍炳，刘宗泉，等. 发展林下经济 助力精准扶贫的问题与对策 [J]. 现代农业科技，2016 (21)：133-134, 136.

⑤ 邹全程. 关于我国林业扶贫工作浅析 [J]. 华东森林经理，2016, 30 (3)：5-9.

⑥ 赵荣，杨旭东，陈绍志，等. 林业扶贫模式研究 [J]. 林业经济，2014, 36 (8)：98-102.

⑦ 彭斌，刘俊昌. 民族地区绿色扶贫新的突破口：广西发展林下经济促农增收脱贫路径初探 [J]. 学术论坛，2013, 36 (11)：100-104, 134.

⑧ 沈茂英，杨萍. 生态扶贫内涵及其运行模式研究 [J]. 农村经济，2016 (7)：3-8.

1.3.1.4　林业生态扶贫

林业生态扶贫是在林业扶贫基础上延伸出来的一种特殊形式，与林业扶贫有许多重合的地方，如黄金梓①认为，待发展地区人口、生存与生态环境的矛盾可以通过生态移民与劳务输出等扶贫开发方式有效解决，也可以结合环境治理等项目挖掘相关就业岗位。生态扶贫是一项由政府主导、以贫困人口为目标受益群体的公共活动。张莉②认为林业生态扶贫是指在生态保护和环境改善的基础上，依托森林资源发展林业生态产业，带动贫困人口就业和增收，从而实现待发展地区经济与社会的可持续发展。

通过文献研究可知，林业生态扶贫从改变待发展地区的生态环境着手，通过加强基础设施建设改变待发展地区的生产生活环境，是待发展地区实现可持续发展的一种新的扶贫方式。从政治学的角度来看，林业生态扶贫是在贯彻国家主体功能区制度的基础上实现待发展地区可持续发展的一种扶贫模式，通过实施重大生态工程建设、加大生态补偿力度、大力发展生态产业、创新生态扶贫方式等，切实加大对待发展地区、贫困人口的支持力度，推动待发展地区扶贫开发与生态保护协调发展、脱贫致富与可持续发展相互促进，使贫困人口从生态保护与修复中得到更多实惠，实现巩固脱贫攻坚成果与生态文明建设"双赢"。

1.3.2　理论基础

1.3.2.1　公共政策理论

公共政策是一个动态运行体系，包括政策制定阶段、完善阶段、行动阶段、监管阶段和终止阶段。政策评估是政策运行的关键环节，政策评估为各个环节提供标准和判断依据，政策评估对政策系统的良性运转起着关键作用。美国学者卡尔·帕顿等人③认为政策评价有四个方面的内容：第一个方面是经济可行性标准，该标准主要关注总体利益和不同个体利益；第二个方面是技术可行性标准，该标准能有效地实现目标，但是评估方案必须在一定成本限度之内；第三个方面是政治理论可接受性标准，该标准评估方案是否能被相关利益群体运用；第四个方面是行政可操作性标准，该标准评估政策方案能否在特定

---

①　黄金梓. 精准生态扶贫刍论 [J]. 湖南农业科学, 2016 (4)：103-107, 111.

②　张莉. 论现代林业发展与生态文明建设 [J]. 西部皮革, 2018, 40 (18)：71.

③　卡尔·帕顿, 大卫·沙维奇. 公共政策分析和规划的初步方法 [M]. 孙兰芝, 胡启生, 译. 北京：华夏出版社, 2002.

的环境中运行。美国学者威廉·邓恩①指出，政策绩效评价的目的是指明关于政策和计划的起因与最终结论方面的过程；评价应首先建立价值条件，这对提供政策绩效信息至关重要，获取绩效方面信息应采用适宜性、充分性、效率性、公平性、回应性、成效性的评估标准进行绩效评价。托马斯·戴伊②指出，政策评价就是评估公共政策效果的过程，就是判断公共政策是否达到预期的过程，就是检验政策效果与成本是否一致的过程。美国学者内格尔③提出，评估依靠经验性的数据和资料分析，关心政策的实用性，把评估当成一种科学研究活动。政策评估主要包括四个要素，第一是目标，政策目标和政策约束的比重；第二是政策，利用包括手段、项目、计划、决议等要素或其他可以利用的要素来达到既定的目标；第三是利用决策和目标之间的关系，通过引经据典，直觉、观测、推理等要素来实现目标；第四是利用目标与政策之间的关系，选择政策或者选择政策组合。张亲培④认为，公共政策评价是指依据一定的标准和程序，采用科学的研究方法，对政策计划和执行过程进行分析评估，对政策结论和影响进行检验，并依此来衡量政策结果是否符合公众需要的一种科学研究方法。

通过研究公共政策理论不难发现，政策执行过程中的政策评价是至关重要的：发现问题，将问题列入政策议程，选择不同的方法来研究和解决问题，制定和修改政策、执行政策、完善政策、评估政策以及调整政策。可以说，公共政策理论研究对于林业生态扶贫政策评价指标的设定、评价过程都提供了非常良好的借鉴。

1.3.2.2 生态扶贫理论

生态扶贫作为一种新的理论，并不是凭空产生的，它有着丰富的实践历程，是在多种理论的基础之上发展起来的，主要由以下三个方面构成：

（1）马克思主义发展观。马克思认为人与自然是一个统一的整体，在这个整体中，人与自然既相互斗争又相互协调，处于既对立又统一的关系中。"人是自然界的一部分"，自然"是我们人类赖以生长的基础"，在社会发展过程中不能忽视人与自然的关系。马克思深刻地论述了资本对自然的破坏，科学

---

① 威廉·N. 邓恩. 公共政策分析导论 [M]. 2版. 谢明, 杜子芳, 译. 北京：中国人民大学出版社, 2010.

② 托马斯·戴伊. 理解公共政策 [M]. 孙彩红, 译. 北京：北京大学出版社, 2010.

③ 斯图亚特·内格尔. 公共政策：目标、手段与方法 [M]. New York：St. Martin Press, 1984.

④ 张亲培. 公共政策基础 [M]. 长春：吉林大学出版社, 2004.

地指出了解决人与自然冲突的社会制度基础，这为中国特色社会主义生态扶贫理论的形成奠定了哲学基础。生态扶贫注重生态保护基础上的脱贫和发展，强调贫困人口的全面发展，是马克思主义发展观中国化的实践。

（2）亲贫困增长理论。邓小平认为"社会主义的本质，是解放生产力，发展生产力，消灭剥削，消除两极分化，最终达到共同富裕"。生态扶贫既是中国全面建成小康社会的重要手段，同时也是中国特色社会主义的内涵组成与本质要求。基于多元贫困的亲贫困增长理论（又称益贫式增长理论），随着对贫困原因及其特征认识的深化，许多学者逐渐意识到贫困是多维的，致贫原因也是多种多样的，发展经济并不是唯一的减贫方式。Ravallion Martin 正式提出亲贫困增长理论，具体指能够使贫困群体参与经济活动并从中得到更多好处的经济增长。生态扶贫理论就是基于亲贫困增长理论瞄准穷人，意识到经济增长是减少贫困的必要条件而不是充分条件，解决贫困问题不仅要看经济增长的结果，还要看增长的性质，看贫困群体能从经济增长中分享到多少好处和什么样的好处，只有提高对待发展地区以及贫困人口的瞄准精度，提高扶贫资源配置效率，才能最终实现经济增长、生态改善、农民增收的共享式发展。

（3）绿色增长理论。"绿色增长"的概念最早由 Murgai 于 2001 年提出，2005 年，经济合作与发展组织（经合组织，OECD）将"绿色增长"定义为"在防止代价昂贵的环境破坏、气候变化、生物多样化丧失和以不可持续的方式使用自然资源的同时，追求经济增长和发展"，目的就是纠正传统增长理论强调经济的快速增长而忽视为实现经济增长所造成的环境破坏，遏制损害环境的生计行为。绿色增长理论下的"绿色扶贫"意为有利于减贫的绿色增长①，强调促进待发展地区的绿色发展，要从单纯追求经济增长转为追求与生态结合的整体发展，从单纯追求物质发展转为谋求人的全面发展。

以上三个具体理论把生态建设与扶贫有效结合，通过选择绿色发展、绿色增长的途径达到促进区域经济增长、生态改善、农民增收的目的。生态扶贫理论为林业生态扶贫政策后续建议的提出提供了研究方向。

1.3.2.3 系统科学理论

系统科学是在自然科学、数学科学、社会科学三大基础科学之外形成的一个新的学科，由以系统为研究对象的基础理论和应用开发学科组成。系统科学不仅可以研究解决一个学科、一个部门、一个地区、一个国家的系统问题，并且能够研究解决跨学科、跨部门、跨地区、跨国家的系统问题。系统科学的有

---

① 徐秀军. 解读绿色扶贫 [J]. 生态经济，2005（2）：78-79.

关理论和方法对于开展林业生态扶贫政策评价工作具有指导意义。

系统科学知识体系的结构可以划分为三个层次：一是系统的基础理论。贝塔朗菲创立的一般系统论、普利戈金和布鲁塞尔学派提出的耗散结构理论、H.哈肯倡导的协同论，分别从生物学、物理学和化学等不同学科出发，三个系统工程理论探讨共同的系统理论——系统学。二是系统的技术基础科学。它是指运筹学、系统方法和计算科学技术。运筹学包括数学规划、博弈论、排队论、库存论、决策理论、搜索论和网络技术等内容。三是实际运用或工程技术方法。系统方法是合理地研究和处理有关系统的整体联系的一般科学方法论。贝塔朗菲将系统定义为相互作用的诸元素的复合体。系统一般指由相互作用和相互依赖的若干要素所构成的具有特定功能的整体。现代科学认为，世界是由物质、能量、信息组成的，因此，任何系统都是物质、能量和信息相互作用和有序化运动的产物。从系统与外界的关系看，凡是和外界有物质、能量和信息交换的系统都被称为开放系统，反之则被称为封闭系统；从系统和人的关系上看，凡是能够改变其状态的系统都被称为可控系统，否则被称为不可控系统。

林业生态扶贫政策体系是开放的、可控的系统，由众多的评价指标构成，但指标相互之间存在联系，如何确定指标范围、选定待用指标、确定最终指标等都需要应用系统科学理论来指导评价指标体系的构建，为后续林业生态扶贫政策评价提供支持。

1.3.2.4　生态经济理论

美国经济学家肯尼迪·鲍尔丁在1966年首次提出"生态经济学"的概念，他通过论述利用市场机制控制人口、调节资源合理利用、优化消费品分配、治理环境污染等，建立了"生态经济协调理论"。Costanza在1989年提出，生态经济学是一门全面研究经济系统与生态系统之间关系的学科，此类关系是当前人类所面对的众多可持续发展问题的根源。总的来讲，生态经济学是综合生态学、生物物理学、经济学、系统论、伦理学等诸多学科的思想，针对当前人类经济与社会发展所产生的问题及其对生态系统带来的影响，探讨生态系统与人类的经济与社会系统如何统筹才能实现可持续发展的科学。生态经济学的一般研究对象为生态经济系统及其内部各子系统、各类要素之间的相互作用、相互制约关系的演变规律。生态经济学继承并拓展了新制度经济学、福利经济学、系统论等领域的优秀成果，将能量流、物质流、信息流、价值流等原理引入，使针对人类与自然关系的研究成果更具现实性和科学价值。生态经济学将其研究对象的生态经济系统视为具有内在作用关系的有机统一体，不但密切联系经济与社会系统和生态系统的运作，其内部各次级系统及其构成要素也发生着交互关系，任何一个环节有了变化，都会引起其他环节产生连锁反应。生态经济学从整体看待生态、经济与社会的发展演变，能够避免过去单纯追求经济与社会效益而忽视生态效益所导致的各种损失。

林业生态扶贫政策体系构建涉及的内容众多，在政策执行过程中还涉及林业生态扶贫政策效果的评价，其效果可能涉及多个方面，如经济的、福利的、生态的、社会的等。因此，构建林业生态扶贫政策体系就需要生态经济理论来指导。

1.3.3 研究现状

1.3.3.1 国外研究现状

国外学者从不同的角度对贫困问题进行了深入的研究，对生态扶贫的研究也较早。早在1992年的世界环境与发展大会上，联合国就把环境问题安排到了重要议程上，由此彻底改变了传统发展观念，并与各国达成了共识。由于国内外文化、发展理念的差异，国外学者很少通过发展和保护生态环境来治理贫困，大多数学者通过制度、人口等具体问题来研究贫困问题。因此，国外学者多以亲贫困增长理论、绿色减贫理论为基础展开对生态扶贫的研究。同样地，对于生态扶贫的研究也适用于林业生态扶贫的研究。

诺贝尔经济学奖获得者阿马蒂亚·森（1981）指出：贫困并不仅仅指收入不足，还包括分配失败，收入低下是生活贫困的重要原因，贫困的本质是人的基本能力的缺失。为解决贫困问题，经济学家阿瑟·奥肯提出：在平等中注入某些合理性，在效率中注入某些人性。从贫困内涵与外延上看，Dercon S. (2009)、Barrett C.B. (2013)、Jalan J. (2016) 等国外学者研究并定义了农村贫困问题。Kay Cristóbal (2009) 等提出协同促进农村贫困和乡村发展理论。Chenery 和 Ahluwalia（1974）构建形成了一个重点突出再分配增长利益的增长再分配模型（redistribution with growth）。该模型被许多研究学者认为是亲贫困增长理论的源头。联合国（United Nations）与经合组织（OECD）先后在2000年和2001年对亲贫困增长理论做出广义定义，即有益于穷人的增长。但是该定义并没有解释清楚穷人到底从这种利益增长中获得多少利益才算是亲贫困的。此前，这些学者对亲贫困增长理论定义的实质与"偏向穷人"的字面意思有所出入，其实这种增长还是滴漏式增长。Kakwani 和 Son[①] 将亲贫困增长

---

① NANAK KAKWANI, HYUN H SON. Poverty Equivalent Growth Rate [J]. International Asociation for Research in Income and Wealth, 2008, 54 (4): 643-655.

理论进行了完整综合的定义，认为该增长理论在重视减少贫困的前提下，更多关注的是穷人获得更多的增长利益。《千年生态系统评估报告集》（"Millennium Ecosystem Assessment"）①的研究数据显示，减少贫困、饥饿与疾病的主要障碍是自然生态系统功能的下降，如水质发生污染、生物多样性受到破坏等。如果生物圈和生态系统提供的各项服务都对自然生态系统失去了作用，人类文明将止步不前甚至倒退。

林业生态扶贫政策保障森林的过度砍伐使得林产品和服务供应不足、耕地退化、农林减产，最终导致绝对贫困。但是，农林产品市场不完善、推广力度不足以及政府政策保障缺位导致私人部门参与率极低。因此，各国多通过税收激励、低息贷款等政策刺激私人部门的参与积极性，并对减轻贫困和缓解环境压力有显著成效。一直以来，众多研究将林业放在贫困和不平等的背景下讨论，国外学者对林业扶贫保障政策的研究多从定量方面展开。Persha 等②利用东非和南亚 6 个国家 84 个地区的数据，验证地方政策的制定、森林生计以及生物多样性保护之间的协同关系，结果发现无论是双赢还是损失，或者相互牵制，都取决于复杂的具体背景，林农参与当地林业管理的各项工作都会产生积极的影响。Chomba 等③利用对 NgareNdare 社区林业协会的实地研究数据调查了肯尼亚社区森林制度中地方赋权的种类和程度，结果显示：林业政策在赋予地方权力的同时集中了立法权和控制权，但社区林业制度在多大程度上为社区权力下放做出了贡献还存在疑问。

综上所述，国外对于林业生态扶贫政策的研究，更多地集中于林业、生态、贫困等相互独立的研究，综合性研究相对较少，国外学者很少通过生态保护来治理贫困，大多数学者通过制度、人口等具体问题来研究贫困问题，并就发展中国家贫困问题的解决进行了有益的探索，得出了一些有效的结论。

1.3.3.2 国内研究现状

魏后凯④认为，虽然我国研究脱贫攻坚与反贫困由来已久，但针对 2020

① 联合国环境规划署. 千年生态系统评估报告集 [M]. 赵士洞，张永民，赖鹏飞，译. 北京：中国环境科学出版社，2007.

② PERSHA L, AGRAWAL A, CHHATRE A. Social and ecological synergy: local rulemaking in forest livelihoods, and biodiversity conservation [J]. Science, 2011 (331): 1606-1608.

③ SUSAN CHOMBA, THORSTEN TREUE, FERGUS SINCLAIR. The political economy of forest entitlements: can community based forest management reduce vulnerability at the forest margin? [J]. Forest Policy and Economics, 2015 (58): 37-46.

④ 魏后凯. 当前"三农"研究的十大前沿课题 [J]. 中国农村经济, 2019 (4): 2-6.

年以后扶贫的相关研究这两年才逐渐兴起。李小云和许汉泽①提出，2020年以后我国农村贫困将会进入一个以转型性的次生贫困和相对贫困为特点的新阶段，转型贫困群体和潜在贫困群体将成为新的目标群体，并呈现出多维度贫困等新特征。汪三贵②研究提出，2020年以后需要找出现有贫困和贫困线界定方法的不足，制定新的贫困标准、明确新的扶贫对象并制定相应的扶贫政策。何秀荣③则进一步指出，理想和公平的贫困标准线应当是城乡统一、全国统一的。

从战略目标上看，魏后凯④指出，2020年后我国将进入一个统筹城乡贫困治理的新阶段。我们不仅要继续关注农村贫困问题，而且要高度重视城市贫困问题，要把城乡贫困治理统筹起来考虑，实行城乡并重的减贫战略。何秀荣⑤进一步强调，2020年以后中国反贫困的基本定位是在防止返贫的基础上解决相对贫困问题，反贫困的主战场依然是农村。张琦⑥认为，2020年以后的减贫战略将由集中性减贫治理战略向常规性减贫治理战略转型，由解决绝对贫困向解决相对贫困转变，由重点解决农村贫困向城乡减贫融合推进转变，由重点解决国内贫困向国内减贫与国际减贫合作相结合方向转变，减贫发展国际化合作将会强化。郑长德⑦认为，民族聚居地区依然是全国最不发达地区，贫困问题依然会很严重。贫困治理要解决的主要问题不再是生存问题，而是发展问题和发展成果共享问题。

从政策取向上看，汪三贵和曾小溪⑧认为，2020年以后区域政策解决制约深度待发展地区和贫困人口发展的外部约束，开发式扶贫政策提升一般贫困人口向上流动的能力，精准滴灌式扶贫政策解除特殊困难贫困人口的特殊困境，城乡一体化扶贫体系解决扶贫的"真空地带"。周扬等⑨利用BP神经网络模型模拟中国县域农村贫困的空间格局，识别出2020年以后仍需国家政策倾斜的

---

① 李小云，许汉泽. 2020年后扶贫工作的若干思考 [J]. 国家行政学院学报，2018 (1)：62-66.

② 汪三贵，曾小溪. 后2020贫困问题初探 [J]. 河海大学学报（哲学社会科学版），2018，20 (2)：7-13.

③ 何秀荣. 改革40年的农村反贫困认识与后脱贫战略前瞻 [J]. 农村经济，2018 (11)：1-8.

④ 魏后凯. 2020年后中国减贫的新战略 [J]. 中州学刊，2018 (9)：36-42.

⑤ 何秀荣. 改革40年的农村反贫困认识与后脱贫战略前瞻 [J]. 农村经济，2018 (11)：1-8.

⑥ 张琦. 减贫战略方向与新型扶贫治理体系建构 [J]. 改革，2016 (8)：77-80.

⑦ 郑长德. 2020年后民族地区贫困治理的思路与路径研究 [J]. 民族学刊，2018 (6)：1-10，95-97.

⑧ 汪三贵，曾小溪. 后2020贫困问题初探 [J]. 河海大学学报（哲学社会科学版），2018，20 (2)：7-13.

⑨ 周扬，郭远智，刘彦随. 中国县域贫困综合测度及2020年后减贫瞄准 [J]. 地理学报，2018 (8)：1478-1493.

716 个帮扶县，提出应该根据新的贫困格局，采取有针对性的帮扶措施，创新精准扶贫的体制机制。

国内学者对林业生态扶贫评价也进行了一定的探索，如徐彦平[①]从经济基础、人文发展、生产生活环境出发，构建了由 3 个一级指标、17 个二级指标组成的政策评价指标体系，运用时序主成分分析法对甘肃省会宁县的扶贫政策效果进行系统评价。金旭东[②]从效率、政策回应度、公平性、可持续发展和效益五个维度出发，在这五个维度下设 24 个二级指标因子，构建了以公共政策评价标准为导向的扶贫开发政策评价体系，运用时序主成分分析法对西北民族地区县域扶贫开发绩效进行评估。段妍珺[③]从扶贫投入指标和扶贫产出指标出发，构建了由 2 个一级指标、4 个二级指标以及 11 个三级指标组成的精准扶贫指标体系，其中二级指标包括扶贫资金指标、精准扶贫指标、政策减贫指标和社会减贫指标，运用因子分析结合数据包络法来进行分析。胡善平等[④]从资源投入、过程管理、绩效考核出发，构建了一套由 3 个一级指标、10 个二级指标以及 48 个三级指标组成的精准扶贫指标体系，使用专家主观赋值和德尔菲法确定各指标的权重，对于中国特色精准扶贫指标体系的构建有着积极的指导作用和促进意义。胡善平等[⑤]对安徽 S 县精准扶贫评估进行了实证检验，基于实务工作的经验积淀和反馈，总结了精准扶贫绩效考核指标体系适用方面存在的实体性、程序性阻隔因素，提出了下一步指标体系修订应注意的事项。戴莹[⑥]从扶贫工作人员、扶贫对象、扶贫管理制度出发，构建了一套由 3 个一级指标、8 个二级指标和 29 个三级指标组成的精准扶贫工作绩效考核指标体系，首先采用层次分析法确定精准扶贫考核指标的权重，再采用模糊综合评价法对精准扶贫工作绩效进行评估。龙海军等[⑦]基于"人—业—地"综合分析框架，从生计资本、可行能力、产业脆弱性、产业包容性、地理资本、社会排斥出发，构建了"人—业—地"综合减贫的精准扶贫政策评价指标体系，以两个

① 徐彦平.西部县域政府扶贫开发政策执行效果实证研究［D］.兰州：兰州大学，2015.

② 金旭东.西北民族地区县域扶贫开发绩效评估［D］.兰州：兰州大学，2015.

③ 段妍珺.贵州省精准扶贫绩效研究［D］.贵阳：贵州大学，2016.

④ 胡善平，杭琍.中国特色社会主义精准扶贫绩效考核指标体系构建研究［J］.牡丹江师范学院学报（哲学社会科学版），2017（2）：64-73.

⑤ 胡善平，杭琍.我国精准扶贫绩效考核指标体系构建研究［J］.桂海论丛，2017，33（4）：82-90.

⑥ 戴莹.精准扶贫工作绩效考核指标体系的构建与运用［J］.劳动保障世界，2017（14）：23-24，26.

⑦ 龙海军，丁建军."人—业—地"综合减贫分析框架下的精准扶贫政策评价：两个典型贫困村的对比分析［J］.资源开发与市场，2017，33（11）：1384-1390.

集中连片特困区典型贫困村为个案进行了对比分析。公梓安①按照系统分类、指标分类、指标项三级结构，构建了甘肃省生态脆弱与贫困指标体系，该体系从环境评价系统和贫困评价系统2个一级指标出发，由自然评价指标、人类活动指标、贫困评价指标、经济发展指标和社会保障指标5个二级指标以及21个三级指标构成，通过耦合模型对甘肃省14市生态脆弱程度进行研究。薛佃欣②从扶贫开发与减贫目标、社会与经济发展能力、人力资本发展能力与资源出发，根据指标体系的构建原则和内容以及综合指标选取的SMART原则，构建了基于绿色发展的城镇反贫困政策绩效评估体系，该体系由5个一级指标、28个二级指标构成。李鹤③从精准识别、精准帮扶、社会效益、基础设施效果和减贫效益出发，构建了一套由5个一级指标以及15个二级指标组成的精准扶贫绩效评价体系，使用层次分析法（AHP）和专家评判法确定各指标的权重，对云南红河州精准扶贫进行了评估。魏名星等④分别从精准识别、精准帮扶、精准管理3个维度，构建了扶贫绩效评价指标体系，并依据AHP法对选取的指标予以赋权，同时，对该指标的可操作性，在河北省2016年度的扶贫绩效评价中予以了实证。李苗等⑤以新发展理念为基本出发点和依据，从创新发展、协调发展、绿色发展、开放发展、共享发展出发，选取对中央财政专项扶贫资金的管理使用予以绩效评价的各项指标，构建了一套由5个一级指标、15个二级指标组成的指标体系，运用层次分析法进行指标赋权，从而系统构建出中央财政专项扶贫资金绩效评价指标体系。曾勇⑥从政策的相关性、扶贫效率、扶贫效果和可持续发展能力出发，构建了一套由4个一级指标、35个二级指标组成的扶贫协作绩效指标体系，对沪滇对口帮扶项目绩效进行评价。

温雅馨等⑦从政策宣传、帮扶对象瞄准、政策落实度、企业效益出发，构建了一套由4个一级指标和14个二级指标组成的政策绩效指标，基于层次分

① 公梓安. 甘肃省生态扶贫对策研究 [D]. 兰州：兰州大学，2017.

② 薛佃欣. 城镇化进程中城镇反贫困政策绩效评估及绿色发展对策 [D]. 贵阳：贵州财经大学，2017.

③ 李鹤. 云南省红河州精准扶贫绩效评价研究 [D]. 昆明：云南农业大学，2017.

④ 魏名星，李名威，杨美赞. 绩效评价视角下河北省精准扶贫指标体系的构建与实践分析 [J]. 安徽农业科学，2017，45（24）：242-245.

⑤ 李苗，崔军. 中央财政专项扶贫资金绩效评价指标体系构建 [J]. 行政管理改革，2017（10）：65-71.

⑥ 曾勇. 中国东西扶贫协作绩效研究 [D]. 上海：华东师范大学，2017.

⑦ 温雅馨，刘思敏，孟全省. 基于层次分析法的杨凌"扶贫超市"政策绩效研究 [J]. 农村经济与科技，2018，29（13）：140-142.

析法的模型和思想，对杨凌示范区"扶贫超市"政策绩效进行研究。肖玉青[①]从供方、需方两个角度，结合健康扶贫体系的三个维度，应用政策评价的六个评价标准，对建档立卡贫困家庭在健康保障政策、公共卫生政策、医疗救治政策的效果、效率、效益、公平性、契合度以及回应性进行全面评价，建立了健康扶贫政策效果评价指标，将设计指标两两比较并组成若干个矩阵，运用YAAHP层次分析法软件进行运算，进而比较不同健康扶贫医疗保障模式的政策效果。陈甲[②]从扶贫精准度、扶贫效果、扶贫可持续性3个角度，设置了由3个准则层、10个关键问题和21项具体评价指标构建的指标体系，运用层次分析法（AHP）对案例点的林业精准扶贫绩效进行评价，发现了存在的问题，并提出了相应的对策建议。魏风劲等[③]通过定量与定性相结合的研究方法，为科学、合理评估贫困村寨扶贫政策的作用和效果建立了一套评价体系。该指标体系从生计资本、可行能力、经济脆弱性、经济包容性、地理资本、社会排斥出发，构建了一套由6个一级指标和26个二级指标组成的减贫绩效评价指标体系，聚焦武陵山片区追高鲁村的"精准扶贫"及追高鲁村精准扶贫的现状，分析其存在的问题并相应地提出扶贫工作改革的建议。白杨等[④]在研究政府绩效评价指标体系的基础上，针对目前政府精准扶贫中面临的问题，结合4E评价理论和关键绩效指标评价方法，提出了政府精准扶贫绩效管理水平评价体系。该体系从经济、效率、效果和公平4个方面确定了26个评价指标。范丹雪[⑤]构建了由经济系统和生态环境系统2个一级指标，经济实力、经济效益、经济结构、生态涵养能力和生态环境响应5个二级指标以及22个三级指标组成的生态扶贫综合评价模型，根据临夏回族自治州数据的可获得性以及生态扶贫现状，选用2008—2014年临夏回族自治州各市县相关数据进行耦合协调度分析，从水资源、生态环境、生态移民、特色优势产业、示范区五大方面介绍了临夏回族自治州实施生态扶贫的实践情况并进行效果评价，对我国其他少数民族地区设计生态扶贫机制和评价生态扶贫绩效具有重要的借鉴意义。高其[⑥]考虑了精准识别、精准帮扶、扶贫投入等因素，从产出效益上思考减贫效果、

① 肖玉青. 健康扶贫政策及其评价研究 [J]. 福建江夏学院学报, 2018, 8 (6)：83-89.
② 陈甲. 林业精准扶贫绩效评价研究 [J]. 农场经济管理, 2018 (11)：45-49.
③ 魏风劲, 吴思远. 贫困村寨扶贫政策绩效评估及优化路径：基于武陵山片区追高鲁村寨的实证研究 [J]. 知识经济, 2018 (19)：27-29, 31.
④ 白杨, 李媛媛. 政府精准扶贫绩效管理水平评价指标体系的构建研究 [J]. 齐齐哈尔大学学报（哲学社会科学版）, 2018 (4)：61-63.
⑤ 范丹雪. 临夏回族自治州生态扶贫的机理与绩效研究 [D]. 兰州：兰州大学, 2018.
⑥ 高其. 丽江市政府精准扶贫绩效评价研究 [D]. 昆明：云南财经大学, 2018.

经济与社会条件，最后把综合评价指标划分成精准识别、帮扶、扶贫投入、经济与社会情况以及减贫成效 5 个准则层和 17 个指标层指标，创建贫困区域精准扶贫绩效评价系统，对丽江市政府精准扶贫绩效进行研究。

综上所述，我国学者对于林业生态扶贫政策的研究主要基于自己的研究领域、研究地区、知识背景等，通过构建评价指标体系，从不同的角度对林业生态扶贫政策的效果、绩效等进行综合研究，但目前还没有形成统一的研究方法、统一的评价标准。但是，以上专家、学者的研究成果为本研究构建林业生态扶贫政策评价体系给予了众多引导。

2 林业生态扶贫主要政策

我国已经出台了重大生态工程以及生态护林员、生态效益补偿、退耕还林补助、造林补助等一系列林业惠农扶贫政策，不仅高质量打赢脱贫攻坚战，而且在流域生态治理、国土绿化、持续改善贫困地区生态环境等多方面发挥了重要作用，实现了生态效益、经济效益和社会效益协调统一。我国各地坚持林业生态保护与特色产业发展并重，精准扶贫施策和脱贫成果巩固统筹，助推脱贫和绿化国土并行，全力推进"扶持生产发展一批""生态补偿脱贫一批""特色产业富民行动"重大部署，因地制宜，精准施策，为打赢脱贫攻坚战积极贡献力量①。

2.1 林业产业扶贫政策

党和政府一直关注贫困地区经济发展与扶贫脱贫攻坚任务②，不仅要求对生态环境脆弱的少数民族聚居的边远地区发展林下经济，而且重点予以照顾与扶持，并且推进示范基地建设，鼓励企业在石漠化地区等集中连片特困地区建立基地，积极帮助扶贫对象发展林下经济，加快推进扶贫脱贫致富步伐。为了将"输血"式扶贫转变为"造血"式扶贫、"开发式"扶贫转变为"参与式"扶贫，提升脱贫内生发展动力，增强贫困人口的脱贫意识，提高贫困人口的自主脱贫能力，促进贫困家庭增收，实现稳定脱贫，2015 年，我国出台了《中共中央 国务院关于打赢脱贫攻坚战的决定》，正式提出产业扶贫方式。该决定要求：发展特色产业脱贫，制定贫困地区特色产业发展规划，出台专项政策，

---

① 《关于加强贫困地区生态保护和产业发展 促进精准扶贫精准脱贫的实施意见》（桂林计发〔2017〕79 号）。

② 《国务院办公厅关于加快林下经济发展的意见》（国办发〔2012〕42 号）。

统筹使用涉农资金，重点支持贫困村、贫困户因地制宜发展种养业和传统手工业等①。由此，以产业发展为杠杆的扶贫开发过程，是促进贫困地区发展、增加贫困农户收入的有效途径，是扶贫开发的战略重点和主要任务。为了提升林业在产业扶贫过程中的作用，该文件还要求积极整合交通建设、农田水利、土地整治、地质灾害防治、林业生态等支农资金和社会资金，支持安置区配套公共设施建设和迁出区生态修复②。为了确保扶贫产业有序发展，农业农村部还要求制定相关扶贫产业发展规划等，要求依据农业行业扶贫开发规划、特色农产品区域布局规划、林业扶贫攻坚规划等一系列规划，围绕贫困地区优势特色产业，以促进扶贫对象增收为目标，以改善生产生态条件为保障，着力提高综合生产能力、抗风险能力和市场竞争能力，推进农业生产经营专业化、标准化、集约化、市场化，完善现代农业产业体系，努力促进贫困地区特色产业增收，切实提高贫困地区的自我发展能力③。

不断提高贫困地区防灾避灾能力和农业现代化水平，提升林业生态扶贫效率，国家要求指导连片特困地区编制县级特色产业发展规划④。发展产业扶贫，不仅需要增强内生发展动力，而且需要增强外部牵引能力，为此，国家林业和草原局联合农业农村部、国家发展改革委、国家民委、民政部等多个部门出台了《关于实施开发农业农村资源 支持农民工等人员返乡创业行动计划的通知》（农加发〔2015〕8号），鼓励返乡人员发展林下经济带动返乡创业，期待他们结合当地森林资源情况，在保护好生态的前提下，充分利用林下空间，培育适合当地发展的林下经济品种，大力推进林下经济发展，扶持返乡人员在不断创新中创业，引导返乡创业人员树立生态保护责任意识，鼓励利用新技术、新工艺开展林产品精深加工和副产品开发，促进循环发展和综合利用。

贫困地区大多自然资源丰富，具有特色产业发展的潜力，但受经济技术发展水平低等因素影响，特色产业发展总体水平不高，资源优势尚未有效转化为产业优势、经济优势，这成了农村贫困人口增收脱贫的瓶颈⑤。为了开发贫困地区禀赋各异的资源潜力，我国拓展了多样化的产业扶贫方式。牢固树立保护

---

① 中国政府网. 中共中央 国务院关于打赢脱贫攻坚战的决定[EB/OL]. http://www.gov.cn/xinwen/2015-12/07/content_5020963.htm.

② 中国政府网. 中共中央 国务院关于打赢脱贫攻坚战的决定[EB/OL]. http://www.gov.cn/xinwen/2015-12/07/content_5020963.htm.

③ 《关于印发特色产业增收工作实施方案的通知》（农计发〔2014〕75号）。

④ 《中共中央办公厅 国务院办公厅印发〈关于创新机制 扎实推进农村扶贫开发工作的意见〉》（中办发〔2013〕25号）。

⑤ 《关于印发特色产业增收工作实施方案的通知》（农计发〔2014〕75号）。

生态环境就是保护生产力、"绿水青山就是金山银山"理念，用好用活绿色生态牌、不搞大开发，切实把生态优势转化为经济优势，把发展劣势转化为后发优势，确保贫困地区生产、生活、生态协调兼顾①。对有土地安置的搬迁移民，支持个人或集体的土地承包经营权、林权、宅基地使用权直接流转或折股量化到户，就地发展产业或物业经济②。支持产业扶贫，还需要摸清贫困户生产经营情况，分析贫困县特色资源禀赋、产业现状、市场空间、环境容量、新型主体带动能力以及产业覆盖面，以特色种养业、设施农业、特色林业、加工业、传统手工业、休闲农业、乡村旅游、光伏产业等为主要内容，在保证生态效益的前提下，积极发展适合在深度贫困地区种植、市场需求旺盛的木本油料、特色林果、竹藤、种苗、花卉、中药材等产业③。通过林业财政补助、农业综合开发项目等资金以及开发性、政策性金融贷款，支持定点扶贫县发展国家储备林、木本油料、特色林果等林业特色产业，通过国有林场、龙头企业、合作社、大户牵头带动，与贫困人口构建利益联结机制，让其通过参与劳务、土地入股获得收益和分红④。

在加强生态保护的前提下，充分利用贫困地区生态资源优势，挖掘林业产业在绿色发展、精准脱贫中的优势和潜力，以政策引导、示范引领、龙头带动为抓手，结合现有工程，大力发展生态旅游、特色林产业、特色种养业等生态产业，通过土地流转、入股分红、合作经营、劳动就业、自主创业等方式，建立利益联结机制，完善收益分配制度，增加资产收益与生态保护补偿等政策性转移收入，坚持政策扶持与智力扶持，探索具有林业特色产业的扶贫方式，提高贫困地区自我发展能力，最大限度地解决贫困人口脱贫增收问题⑤。

广西壮族自治区党委和政府高度重视石漠化地区扶贫产业，出台各项文件支持石漠化地区扶贫脱贫各项工作的开展，要求统筹整合中央和地方各级现代农业生产发展、现代农业核心示范区建设、粮食及农林优势特色产业发展、扶持库区移民生产发展、中央和自治区财政专项扶贫、旅游发展专项、农民工创

① 《农业部等九部门关于印发贫困地区发展特色产业 促进精准脱贫指导意见的通知》（农计发〔2016〕59号）。

② 《关于贯彻落实中央扶贫开发工作重大决策部署 坚决打赢"十三五"脱贫攻坚战的决定》（桂发〔2015〕15号）。

③ 《农业部等九部门关于印发贫困地区发展特色产业 促进精准脱贫指导意见的通知》（农计发〔2016〕59号）。

④ 《国家林业局2017—2018年定点扶贫工作方案》（林规发〔2017〕106号）。

⑤ 《国家林业局关于加强贫困地区生态保护和产业发展 促进精准扶贫精准脱贫的通知》（林规发〔2016〕78号）。

业扶持、自治区中小微企业发展扶持等专项资金，支持建档立卡贫困户发展优势特色种植业、林业、休闲农（林）业等特色优势产业发展，形成一村一品，一户一业，一、二、三产业融合发展格局。统筹用好退耕还林、土地沙化及石漠化治理、森林生态效益补偿、生态功能区转移支付等生态保护政策和资金，扎实推进贫困地区天然林保护和自然保护区、森林公园、生态功能区建设；建立健全财政支持的农业信用担保体系，多渠道筹措资金，加大政策性农业保险保费补贴力度，探索建立农业保险大灾风险分散机制，防止农村、农民因灾返贫致贫①。

广西壮族自治区党委和政府出台文件，要求各地指导搬迁贫困户因地制宜发展市场前景广阔、附加值高、见效快的特色种植、规模养殖等特色农林产业②；要求以 21 个国家扶贫开发重点县和 5 个自治区扶贫开发重点县为重点，加大石漠化综合治理力度，坚持"治石与治贫"相结合，强化生态经济林、木竹原料林、林下经济、草食畜牧业、生态旅游业等发展③；加大对集中连片特殊困难地区和贫困县退耕还林等生态工程支持力度④。为了加快实现贫困地区精准脱贫，广西壮族自治区党委和政府还要求深入开展林业科技成果转移转化、林业科技扶贫开发攻坚示范点创建、林业科技特派员创业、乡土技术能手培养、林业优势产业壮大、林业科技服务水平提升六大专项行动⑤，通过大力发展生态产业，力争带动 380 000 名贫困人口脱贫增收⑥。

2.1.1 旅游产业扶贫

旅游产业综合性强、关联度高、拉动作用突出。为了推动石漠化地区旅游产业发展，广西壮族自治区党委和政府要求深入实施乡村旅游富民工程，扶持资源丰富的集中连片特困地区创建扶贫示范区，支持贫困地区参与特色旅游名

---

① 《"十三五"全区脱贫攻坚财政投入稳定增长机制工作方案的通知》（桂政办发〔2016〕25 号）。

② 《广西壮族自治区人民政府办公厅关于加强易地扶贫搬迁后续产业发展和就业创业工作的指导意见》（桂政办发〔2017〕120 号）。

③ 《广西壮族自治区发展和改革委员会关于支持贫困地区农林水利基础设施建设 推进脱贫攻坚的实施意见》（桂发改农经〔2017〕1372 号）。

④ 《广西壮族自治区发展和改革委员会关于支持贫困地区农林水利基础设施建设 推进脱贫攻坚的实施意见》（桂发改农经〔2017〕1372 号）。

⑤ 《关于印发广西林业科技扶贫行动实施意见的通知》（桂开办发〔2018〕28 号）。

⑥ 《关于印发〈广西推进生态扶贫工作方案〉的通知》（桂发改农经〔2018〕1526 号）。

县名镇名村、最美休闲乡村创建，建设更多的乡村旅游扶贫重点村①。为了提升旅游产业扶贫效率，需要有的放矢，需要通过对贫困地区旅游资源进行调查，围绕美丽乡村建设，依托贫困地区优势旅游资源，开发乡村旅游产业扶贫。依托自然资源、农事景观、乡土文化和特色产品，积极拓展产业多种功能，大力发展休闲农业、乡村旅游和森林旅游休闲康养产业，推进特色产业与教育、文化、健康养老等产业深度融合，拓宽贫困户就业增收渠道②。挖掘当地生态旅游、红色旅游、边关旅游、休闲养生旅游和民俗文化等资源，因地制宜打造乡村旅游重点村或旅游景区，引导周边不具备基本生存条件地区搬迁对象适度集中居住并发展乡村旅游③。不断加强贫困地区自然保护区、森林公园等生态文化载体建设，其过程还可以加快发展"农家乐""林家乐""渔家乐"等生态扶贫旅游④。

通过发挥精品景区的辐射作用，带动农户脱贫致富。基于统筹考虑贫困地区旅游资源情况，在研究编制全国重点旅游区生态旅游发展规划时，对贫困乡村旅游发展给予重点支持⑤。加快现有自然保护区、森林公园基础设施建设。引导开展"森林人家"、森林体验基地和森林养生基地建设，树立森林旅游品牌⑥。通过积极发展森林康养产业，创造就业机会，带动贫困人口脱贫⑦。通过进一步加强森林公园、湿地公园、自然保护区基础设施建设，大力发展森林旅游，为贫困人口兴办"森林人家"、从事土特产销售和运输提供便利服务。积极打造多元化的森林旅游产品，推动森林体验、森林养生、"森林人家"、森林特色小镇发展，探索国家森林步道建设，引导智慧旅游和低碳旅游发展。扩大与旅游相关的种植业、养殖业和手工业发展，促进贫困人口脱贫增收。进一步加大森林旅游扶贫的指导和扶持力度，加强自然保护区、湿地公园、森林

① 《中共广西壮族自治区委员会关于贯彻落实中央扶贫开发工作重大决策部署 坚决打赢"十三五"脱贫攻坚战的决定》（桂发〔2015〕15 号）。

② 《农业部等九部门关于印发贫困地区发展特色产业 促进精准脱贫指导意见的通知》（农计发〔2016〕59 号）。

③ 《关于贯彻落实中央扶贫开发工作重大决策部署 坚决打赢"十三五"脱贫攻坚战的决定》（桂发〔2015〕15 号）。

④ 《自治区党委 自治区人民政府印发〈关于创新和加强农民工作的若干意见〉的通知》（桂发〔2014〕12 号）。

⑤ 《中共中央办公厅 国务院办公厅印发〈关于创新机制 扎实推进农村扶贫开发工作的意见〉》（中办发〔2013〕25 号）。

⑥ 《国家林业局 2017—2018 年定点扶贫工作方案》（林规发〔2017〕106 号）。

⑦ 《国家林业和草原局关于印发〈林业草原生态扶贫三年行动实施方案〉的通知》（林规发〔2018〕111 号）。

公园、沙漠公园基础设施建设，充分发挥森林旅游扶贫潜力，促进农民脱贫增收，提升森林旅游发展水平，巩固脱贫成果①。

挖掘和开发生态资源发展旅游业，提高了贫困人口家庭收入，但是生态资源有限，需要健全生态旅游开发与生态资源保护衔接机制，加大生态旅游扶贫的指导和扶持力度，依法加强自然保护区、森林公园、湿地公园、沙漠公园、草原等旅游配套设施建设，完善生态旅游行业标准，建立健全消防安全、环境保护等监管规范。积极打造多元化的生态旅游产品，推进生态与旅游、教育、文化、康养等产业深度融合，大力发展生态旅游体验、生态科考、生态康养等，倡导智慧旅游、低碳旅游，提升生态资源的利用效率，引导贫困人口由分散的个体经营向规模化经营发展②。

加大对贫困地区森林旅游发展的引导、指导和监管力度，规范森林旅游业发展行为，促进森林旅游持续健康发展。通过树立典型、业务指导、人员培训、项目支持、投资平台搭建等方式，发挥森林旅游在扶贫方面的作用。积极开拓森林旅游投融资渠道，充分利用当前各种金融扶持政策，鼓励社会资本参与森林旅游产业，改善森林旅游基础服务设施建设水平，促进贫困地区森林旅游业可持续发展。推出一批森林旅游示范市、示范县，确定一批特色森林旅游地和特色森林旅游线路。努力打造"中国森林旅游"和"中国森林旅游节"品牌。整合旅游资源，提高森林旅游组织化程度，引导贫困地区农民由分散的个体经营型向规模经营型发展。打造差异化的森林旅游主题，创新森林旅游新业态③。到 2020 年，在贫困地区打造具有较高知名度的 50 处精品森林旅游地、20 条精品森林旅游线路、30 个森林特色小镇、10 处全国森林体验和森林养生试点基地等，依托森林旅游实现增收的贫困人口数量达到 65 万户、200 万人④。鼓励社会自然人、农业经营大户、林业专业合作社、龙头企业积极参与生态移民迁出区的开发建设……大力发展特色经济林、珍贵树种用材林，积极开发特色林产品加工、林下经济、森林旅游等产品服务，促进移民增收⑤。

石漠化地区旅游产业业态是多样化的。积极培育休闲农业、乡村旅游、养

---

① 《国家林业局关于加强贫困地区生态保护和产业发展 促进精准扶贫精准脱贫的通知》（林规发〔2016〕78 号）。

② 《国家发改委等五部门联合印发〈生态扶贫工作方案〉的通知》（发改农经〔2018〕124 号）。

③ 《国家林业局关于加强贫困地区生态保护和产业发展 促进精准扶贫精准脱贫的通知》（林规发〔2016〕78 号）。

④ 《国家发改委等五部门联合印发〈生态扶贫工作方案〉的通知》（发改农经〔2018〕124 号）。

⑤ 《关于印发自治区林业厅支持扶贫生态移民工程实施意见的通知》（桂林计发〔2015〕8 号）。

生度假、康体运动等旅游新业态，促进一、二、三产业与旅游产业融合发展①。大力发展乡村旅游、休闲观光农业、森林康养等农村新产业新业态，建设一批精品工程和精品路线②。针对石漠化地区产业发展，广西壮族自治区党委和政府还以21个国家扶贫开发重点县和5个自治区扶贫开发重点县为重点，加大石漠化综合治理力度，坚持"治石与治贫"相结合，强化生态经济林、木竹原料林、林下经济、草食畜牧业、生态旅游业等发展③。

石漠化地区森林资源丰富，为了践行"两山"（"绿水青山就是金山银山"）理论，广西壮族自治区党委和政府要求通过进一步加强自然保护区、湿地公园、森林公园基础设施建设，大力发展森林生态旅游，为周边贫困人口兴办"森林人家"、从事土特产销售和运输提供便利服务④。通过进一步加强森林公园、自然保护区、湿地公园、石漠公园等基础设施建设，大力发展森林生态旅游，支持周边贫困人口积极开展或参与"森林人家"等经营活动⑤。为了深入挖掘深度贫困地区森林旅游资源，鼓励成立森林旅游农民专业合作社，积极发展乡村"森林人家"等项目⑥。积极推进"林业+"发展，鼓励利用贫困地区农村森林资源，深度开发森林观光、度假、科普、探险、运动、养生等旅游产品，打造一批生态环保的"森林人家""森林养生基地""森林体验基地""森林康养基地"等生态旅游设施⑦。

2.1.2 木本油料产业扶贫

发展木本油料产业，不仅能大力增加健康优质食用植物油供给，切实维护国家粮油安全，而且能为贫困地区解决劳动就业和家庭增收问题。鼓励贫困农户通过种植油茶、核桃、油用牡丹等木本油料实现产业脱贫，且长期受益。深入贯彻落实《国务院办公厅关于加快木本油料产业发展的意见》（国发〔2014〕

---

① 《广西壮族自治区人民政府办公厅关于加强易地扶贫搬迁后续产业发展和就业创业工作的指导意见》（桂政办发〔2017〕120号）。

② 《中共广西壮族自治区委员会关于实施乡村振兴战略的决定》（桂发〔2018〕7号）。

③ 《广西壮族自治区发展和改革委员会关于支持贫困地区农林水利基础设施建设 推进脱贫攻坚的实施意见》（桂发改经〔2017〕1372号）。

④ 《关于加强贫困地区生态保护和产业发展 促进精准扶贫精准脱贫的实施意见》（桂林计发〔2017〕79号）。

⑤ 《关于印发〈广西推进生态扶贫工作方案〉的通知》（桂发改农经〔2018〕1526号）。

⑥ 《广西壮族自治区林业厅关于加快深度贫困地区生态脱贫工作的实施意见》（桂林计发〔2018〕74号）。

⑦ 《广西壮族自治区林业局关于印发林业行业扶贫三年行动计划的通知》（桂林计发〔2018〕94号）。

68 号)《国家林业局 财政部 国务院扶贫办 国家开发银行 关于整合和统筹资金支持贫困地区油茶核桃等木本油料产业发展的指导意见》(林规发〔2015〕150 号)精神,以现有油茶、核桃等资源为依托,以市场为导向,以科技为支撑,加大政策引导和扶持力度,坚持新造林和低产林改造并重,真正把木本油料产业建设成为绿色富民产业,促进贫困地区保护生态与脱贫增收协调发展①。为了解决支持贫困地区发展油茶、核桃等木本油料产业资金瓶颈问题,国家通过集中力量解决产业发展投入不足的突出问题,拓宽木本油料产业发展资金来源渠道,将纳入整合和统筹范围的中央财政专项资金,包括退耕还林、防护林、中央财政林业补助资金、财政扶贫资金、现代农业发展资金、农业综合开发资金等相关资金,集中支持油茶、核桃等木本油料产业发展。此外,国家开发银行将贫困地区木本油料产业作为重点支持产业,提供大额、长期、稳定的信贷资金支持。同时,国家还鼓励社会资本积极参与,鼓励和引导各类商业性金融机构以及社会资本参与油茶、核桃等木本油料产业建设。为了提高建档立卡贫困人口的参与度和受益度,国家还推行企业带动、专业合作组织联动机制,采用"企业+专业合作组织+基地+农户"等组织模式,积极鼓励贫困农户以土地承包经营权入股、劳动力入股,推动规模化、集约化经营,提高产业的组织化程度②。林业要注重生态保护,重点发展油茶、核桃等名特优经济林树种③。广西壮族自治区林业局坚持将农业综合开发林业项目、油茶高产示范林项目、中央财政造林补贴项目等产业发展资金项目④,推进茧丝绸、茶叶、林木林化、木本油料深加工⑤。

文件要求,有条件的地方可以对畜禽产品、水产品、蔬菜、水果、食用菌、中药材、桑蚕、茶叶、核桃、林产品、特色粮食等进行精深加工,提高附加值⑥。为了鼓励申请中国农业发展银行、国家开发银行等政策性银行的开发性金融贷款,加强组织发动与技术服务,重点扶持贫困县、贫困村、贫困户发

---

① 《国家林业局关于加强贫困地区生态保护和产业发展 促进精准扶贫精准脱贫的通知》(林规发〔2016〕78 号)。

② 《关于整合和统筹资金支持贫困地区油茶核桃等木本油料产业发展的指导意见》(林桂发〔2015〕150 号)。

③ 《关于贯彻落实中央扶贫开发工作重大决策部署坚决打赢"十三五"脱贫攻坚战的决定》(桂发〔2015〕15 号)。

④ 《关于印发自治区林业厅支持扶贫生态移民工程实施意见的通知》(桂林计发〔2015〕8 号)。

⑤ 《中共广西壮族自治区委员会关于实施乡村振兴战略的决定》(桂发〔2018〕7 号)。

⑥ 《广西壮族自治区人民政府办公厅关于加强易地扶贫搬迁后续产业发展和就业创业工作的指导意见》(桂政办发〔2017〕120 号)。

展木本油料……支持贫困地区新建一批油茶等木本油料基地①。为了推动油茶产业发展，全面实施千万亩油茶基地、千亿元油茶产业的"双千"计划……到 2020 年，全区 54 个贫困县发展油茶种植面积达到 800 万亩（1 亩 ≈ 667 平方米，全书同）以上，力争带动 35 万名以上贫困人口脱贫……到 2025 年，全区油茶产量从 2017 年的 6.5 万吨增加到 30 万吨以上，油茶产业年综合产值从 2017 年的 180 亿元增加到 1 000 亿元以上②。结合油茶高产高效示范园建设，通过新造林和低产林改造相结合，支持贫困地区建设油茶、核桃等木本有效基地。至 2020 年底，全区新增油茶种植面积 100 万亩，新增低产林改造油茶种植面积 200 万亩，新增核桃种植面积 40 万亩，力争带动不少于 350 000 名贫困人口脱贫③。到 2020 年底，20 个深度贫困地区新增油茶种植面积 100 万亩、核桃种植面积 6 万亩，实施低产林改造油茶种植面积 100 万亩；新增油茶、核桃专业合作社 100 家以上，带动不少于 5 000 名贫困人口脱贫④。至 2020 年底，全区新增油茶种植面积 100 万亩，新增核桃种植面积 30 万亩；全区新增油茶、核桃专业合作社 100 家以上，带动不少于 5 000 名贫困人口脱贫⑤。

2.1.3 林下经济产业扶贫

发展林下经济是人类与自然和谐共处、实现可持续发展的有效途径。积极探索"林下经济"发展模式，不仅可以保护好身边的生态环境，而且可以拓宽农民增收致富渠道。因此，充分利用深度贫困地区丰富的林业资源优势，大力发展林下经济，实施复合经营、立体经营，扩大贫困人口增收空间，实现近期得利、长期得林、远近结合、长短结合、协调发展的产业扶贫发展目标。积极鼓励贫困地区践行"绿水青山就是金山银山"理念，依托丰富的生态资源优势，发展林下中药材、特色经济作物、野生动植物繁（培）育利用、林下养殖、高产饲业种植等林下经济产业，推进种养结合，促进循环发展⑥。在贫

---

① 《广西壮族自治区林业局关于印发林业行业扶贫三年行动计划的通知》（桂林计发〔2018〕94 号）。

② 《广西壮族自治区人民政府关于实施油茶"双千"计划 助推乡村产业振兴的意见》（桂政办发〔2018〕52 号）。

③ 《关于印发〈广西推进生态扶贫工作方案〉的通知》（桂发改农经〔2018〕1526 号）。

④ 《广西壮族自治区林业厅关于加快深度贫困地区生态脱贫工作的实施意见》（桂林计发〔2018〕74 号）。

⑤ 《关于加强贫困地区生态保护和产业发展 促进精准扶贫精准脱贫的实施意见》（桂林计发〔2017〕79 号）。

⑥ 《国家林业和草原局关于印发〈林业草原生态扶贫三年行动实施方案〉的通知》（林规发〔2018〕111 号）。

困地区培育一批能带动贫困户长期稳定增收的优势特色产业，建设一批贫困人口参与度高的特色产业基地，在深度贫困地区建成一批对贫困户脱贫带动能力强的各具特色的林下经济示范基地，以更好地发挥林下经济和林业产业在精准扶贫中的特殊作用，积极引导贫困人口通过特色林业产业促进增收。加大林下种养业支持力度，使用财政专项扶贫资金发展种养业，扶贫部门应会同农业、林业等部门加强指导①。以森林资源为依托，在贫困地区通过林下种植、林下养殖、相关产品采集加工等多种途径提高林地综合利用效率和经营效益，大力发展林药、林菌、林蜂、林禽、林畜、林业、林菜、林果等林下经济产业②，以短养长，实现经济和社会发展与森林资源保护"双赢"③。结合资源保护，因地制宜发展林下养蜂、中草药种植、林下养殖等见效快的林下养蜂产业，把林下养蜂产业作为发展林下经济的主导产业，为巩固脱贫成效、助力群众增收打造了"新引擎"④。引进蜂蜜收购加工企业，组建林下养蜂专业合作社，依托当地蜜粉源植物资源，引导贫困户发展具有投入少、收益高、见效快特点的林下养蜂产业⑤。为充分发挥林下经济产业带动作用，国家鼓励地方政府壮大产业规模、提升产品质量、提升品牌效应、拓宽产销渠道，不断推动林下养蜂产业快速发展。

实施品牌战略，形成较强的产品竞争力。重点扶持一批林下经济龙头企业，形成"龙头企业+专业合作组织+基地+农户"的生产经营格局。着力构建集约化、专业化、组织化、社会化相结合的新型生产经营体系，重点扶持省级林下经济龙头企业和林下经济专业合作组织。建设较为完善的林下产品市场流通体系，培育林下经济产品交易市场。初步建立产品质量安全体系，提高无公害、绿色和有机产品认定比率，建立林下经济产品标准和检测体系，着力构建以数据快速采集、信息即时查询、认证管理和技术信息服务为主要功能的全国无公害林下经济产品信息管理体系⑥。

广西壮族自治区林业局鼓励社会自然人、农业经营大户、林业专业合作

---

① 《农业部等九部门关于印发贫困地区发展特色产业 促进精准脱贫指导意见的通知》（农计发〔2016〕59号）。

② 《关于贯彻落实中央扶贫开发工作重大决策部署 坚决打赢"十三五"脱贫攻坚战的决定》（桂发〔2015〕15号）。

③ 《国家林业局关于加强贫困地区生态保护和产业发展 促进精准扶贫精准脱贫的通知》（林规发〔2016〕78号）。

④ 《国家林业局2017—2018年定点扶贫工作方案》（林规发〔2017〕106号）。

⑤ 《国家林业局2017—2018年定点扶贫工作方案》（林规发〔2017〕106号）。

⑥ 《国家林业局关于加强贫困地区生态保护和产业发展 促进精准扶贫精准脱贫的通知》（林规发〔2016〕78号）。

社、龙头企业积极参与生态移民迁出区的开发建设，充分利用当地及附近周边林业资源等条件，通过项目资金、技术和政策等方面的扶持，吸引社会力量发展林业产业经济……积极开发特色林产品加工、林下经济、森林旅游等产品服务，促进移民增收①。此外，广西壮族自治区党委和政府还实施"金山银山"工程，发展现代高效林业和林下经济②。深入开展林农结合型"产业富民"行动，扶持贫困农户在林下或林间大力发展本地茶树、药材、食用菌、蜂、禽、畜、草、菜等周期短、见效快的林农结合特色产业③。有条件的地方可以对畜禽产品、水产品、蔬菜、水果、食用菌、中药材、桑蚕、茶叶、核桃、林产品、特色粮食等进行精深加工，提高附加值④。

为了加快石漠化地区林业经济发展，广西壮族自治区林业局还倾斜支持贫困地区建设一批各具特色、带动力强的林下经济示范基地，重点扶持一批林下经济龙头企业和林下经济专业合作组织，普遍形成"企业+合作+基地+农户"的生产经营格局。《广西壮族自治区林业局关于印发〈林业行业扶贫三年行动计划〉的通知》（桂林计发〔2018〕94号）以森林资源为依托，因地制宜，在贫困地区通过林下种植、林下养殖、竹藤芒编、林下相关产品采集加工等多种途径，提高林地综合利用效率和经营效益，以短养长，达到经济与社会发展和森林资源保护"双赢"目的。以21个国家扶贫开发重点县和5个自治区扶贫开发重点县为重点，加大石漠化综合治理力度，坚持"治石与治贫"相结合，强化生态经济林、木竹原料林、林下经济、草食畜牧业、生态旅游业等发展⑤。到2020年，深度贫困地区林下经济面积达到1 500万亩，林下经济合作社达到3 400家，带动不少于6 000名贫困人口脱贫⑥。到2020年，全区林下经济发展面积达到6 800万亩，林下经济合作社达到1 500家，带动不少于30 000名贫困人口脱贫⑦。

---

① 《关于印发自治区林业厅支持扶贫生态移民工程实施意见的通知》（桂林计发〔2015〕8号）。
② 《中共广西壮族自治区委员会关于实施乡村振兴战略的决定》（桂发〔2018〕7号）。
③ 《关于印发〈广西推进生态扶贫工作方案〉的通知》（桂发改农经〔2018〕1526号）。
④ 《广西壮族自治区人民政府办公厅关于加强易地扶贫搬迁后续产业发展和就业创业工作的指导意见》（桂政办发〔2017〕120号）。
⑤ 《广西壮族自治区发展和改革委员会关于支持贫困地区农林水利基础设施建设 推进脱贫攻坚的实施意见》（桂发改农经〔2017〕1372号）。
⑥ 《广西壮族自治区林业厅关于加快深度贫困地区生态脱贫工作的实施意见》（桂林计发〔2018〕74号）。
⑦ 《关于加强贫困地区生态保护和产业发展 促进精准扶贫精准脱贫的实施意见》（桂林计发〔2017〕79号）。

2.1.4 竹藤产业扶贫

竹子是个好东西，正如宋代文学家苏东坡所说："食者竹笋，庇者竹瓦，载者竹筏，炊者竹薪，衣者竹皮，书者竹纸，履者竹鞋，真可谓不可一日无此君也。"竹子在福建、浙江、四川、江西、云南、安徽、湖南、湖北、广东、广西、贵州等地区生长储量极为丰富，藤资源在海南、云南、广西等热带地区生长旺盛。通过创新竹藤培训扶贫、强化竹藤产业扶贫、推进竹藤生态扶贫等途径，竹藤产业帮助数百万极度贫困人口摆脱了贫困。强化贫困地区竹林资源培育，建设以笋用竹、纸浆竹、材用竹、笋材两用竹等为代表的多类型竹林基地。加大人工林集约经营技术推广，实现从粗放经营向集约经营转变。突出区域特色，加快贫困地区竹产业转型升级，大力发展市场前景好、产品附加值高的日用竹制品、竹笋系列加工产品、竹炭和竹纤维等耗材少的环境友好型产品。"腾编"工艺将竹编工艺和刺绣、扎染、布艺、陶瓷、泡茶壶、木艺、腾冲当地的金刚藤等结合起来，让传统的竹编产品提升加工为竹编工艺品及旅游产品。大力扶持龙头企业，优化资源配置，实施品牌战略，促进加工业实现向集约化、规模化、品牌化方向发展的目标。加大竹文化的挖掘和利用，推动竹文化与生态经济的融合，建立富有中国文化特色的竹文化体系[1]。

广西气候温暖、热量丰富，有利于竹子、藤蔓植物生长。因此，广西积极发展适合在贫困地区种植、市场需求旺盛、经济价值较高的木本油料、特色林果、速丰林、竹藤、花卉等产业[2]。充分利用当地丰富的竹木藤芒资源，对贫困户加大引导培训力度，通过发展竹木藤芒工艺品编织产业增收脱贫[3]。

2.1.5 花卉产业扶贫

依托丰富的生态资源、秀丽的自然风景，牢固树立绿色发展理念，巧借"三变"（资金变股金、农民变股东、资源变资产）东风，通过政府引导，整合利用土地资源，调整种植业结构，积极把发展花卉产业作为生机勃发的朝阳产业和脱贫致富的小康产业，最大限度地发挥产业扶贫的杠杆作用。通过发展花卉产业，不仅发展了生态农业、观光农业，而且带动了当地村民脱贫致富，

---

① 《国家林业局关于加强贫困地区生态保护和产业发展 促进精准扶贫精准脱贫的通知》（林规发〔2016〕78号）。

② 《关于印发〈广西推进生态扶贫工作方案〉的通知》（桂发改农经〔2018〕1526号）。

③ 《广西壮族自治区林业厅关于加快深度贫困地区生态脱贫工作的实施意见》（桂林计发〔2018〕74号）。

更开拓了融合发展田园经济，融入文化的元素，激发群众内生动力，做到扶志扶智。花卉品种创新和技术研发能力显著增强，先进实用配套技术得到广泛应用，产业结构和布局更趋合理，市场流通体系基本健全，花文化体系初步构成，基本实现花卉生产标准化、经营规模化、发展区域化、服务专业化。在贫困地区大力发展特色花卉种植，辐射带动贫困农户种植花卉，力求达到促进农民增收、加快花卉产业发展的目标。建设国家花卉种质资源库，保护我国特有花卉种质资源。设立花卉新品种新技术研发中心，加快特色花卉关键技术、花卉高新技术研发步伐。依托现有重点花卉苗木示范基地和龙头企业，在贫困地区重点花卉产区设立国家重点花卉良种繁育生产示范基地。健全主要花卉标准体系，制（修）订国家和行业花卉标准，加强花卉认证工作，提高花卉产品质量。积极推进现代花卉交易市场建设，完善专业性花卉物流体系，成立花卉市场流通行业组织。在有条件的贫困地区，设立国家重点花文化示范基地①。

广西石漠化地区气候环境宜人，广西壮族自治区党委和政府积极发展适合在贫困地区种植、市场需求旺盛、经济价值较高的木本油料、特色林果、速丰林、竹藤、花卉等产业②。

2.1.6 生态产业链扶贫

重点发展在国内外市场上有较强竞争力、对农民增收带动作用明显的30个树种构成的优势特色经济林，培育一批特色突出、竞争力强、国际知名的优势产区，建设一批高产、优质、高效、生态的重点县，形成一批规模化、标准化、品牌化的产业示范基地③。以发展具有地方和民族特点的林特产品初加工和精深加工为重点，延长产业链，完善仓储物流设施，提升综合效益。充分发挥品牌引领作用，支持龙头企业发展企业品牌，提高特色品牌的知名度和美誉度，扩大消费市场容量。加快发展农林产品加工业，积极发展农产品电子商务，打造一批各具特色的种养业示范基地，形成"龙头企业+专业合作组织+基地+贫困户"的生产经营格局，积极引导贫困人口参与特色种养业发展。为深度贫困地区特色林产品搭建展销平台，充分利用电商平台、线上线下融合、

---

① 《国家林业局关于加强贫困地区生态保护和产业发展 促进精准扶贫精准脱贫的通知》（林规发〔2016〕78号）。

② 《关于印发〈广西推进生态扶贫工作方案〉的通知》（桂发改农经〔2018〕1526号）。

③ 《国家发改委等五部门联合印发〈生态扶贫工作方案〉的通知》（发改农经〔2018〕124号）。

"互联网+"等各种新兴手段，加大林特产品市场推介力度①。培育贫困地区发展规模大、科技含量高、辐射面广、带动力和竞争力强的龙头企业及新型经营主体，引导国家级林业产业化龙头企业到贫困地区开展特色产业加工，带动贫困地区优势特色产业整体素质和竞争力的全面提高。通过建立扶贫带贫机制，提高贫困人口受益水平，增加贫困人口就业机会。引导返乡创业人员树立生态保护责任意识，鼓励利用新技术、新工艺开展林产品精深加工和副产品开发，促进循环发展和综合利用②。推进贫困地区桑蚕、茶叶、核桃等产品的全产业链开发，提高附加值。着力建设农林产品分等分级、预冷、保鲜、储藏等采后处理设施③。此外，还可以延伸森林旅游产业链，扩大与旅游相关的种植业、养殖业和手工业发展，促进农民脱贫增收④。

2.2 林业生态补偿（公益性岗位）扶贫政策

2.2.1 增设生态公益性管护岗位

将部分建档立卡贫困人口转为生态护林员，是做好林业精准扶贫精准脱贫工作的一项重要举措。生态护林员管护对象为森林资源，重点是天然林和退耕还林的生态林；管护区域为乡镇林业工作站（或相关管理机构）可以组织管护的范围；管护面积参照地方现有标准。护林员通过生态公益性岗位得到稳定的工资性收入，在加强贫困地区生态保护的同时，精准带动贫困人口稳定增收脱贫⑤。国家实施的退耕还林还草、天然林保护、防护林建设、石漠化治理、防沙治沙、湿地保护与恢复、坡耕地综合整治、退牧还草、水生态治理等重大生态工程，结合建立国家公园体制，创新生态资金使用方式，利用生态补偿和

---

① 《国家林业局关于加强贫困地区生态保护和产业发展 促进精准扶贫精准脱贫的通知》（林规发〔2016〕78号）。

② 《关于实施开发农业农村资源 支持农民工等人员返乡创业行动计划的通知》（农加发〔2015〕8号）。

③ 《关于贯彻落实中央扶贫开发工作重大决策部署 坚决打赢"十三五"脱贫攻坚战的决定》（桂发〔2015〕15号）。

④ 《关于加强贫困地区生态保护和产业发展 促进精准扶贫精准脱贫的实施意见》（桂林计发〔2017〕79号）。

⑤ 《国家发改委等五部门联合印发〈生态扶贫工作方案〉的通知》（发改农经〔2018〕124号）。

生态保护工程资金使当地有劳动能力的部分贫困人口转为护林员等生态保护人员①。以森林、草原、湿地、荒漠化土地管护为重点，在贫困县设立生态护林员、业管员等生态保护公益性岗位，让有劳动能力的贫困人口通过参与生态保护就业，实现"在家门口脱贫"。在贫困县的国家公园、自然保护区、森林公园、湿地公园、沙漠公园、地质公园等自然保护地以及国有林场，鼓励开放公益性岗位，吸纳贫困人口务工就业②。为了规范建档立卡贫困人口生态护林员选聘，参照《护林员国家职业标准》《林业工作站管理办法》等规定，2016年8月16日，国家林业局办公室、财政部办公厅、国务院扶贫办行政人事司联合制定了《建档立卡贫困人口生态护林员选聘办法》，明确了生态护林员、生态护林员的选聘原则、生态护林员的选聘责任、生态护林员的主要职责、生态护林员应具备的基本条件以及生态护林员的监管等内容③。在贫困地区选择身体健康、遵纪守法、责任心强、有劳动能力的建档立卡贫困人口转化为生态护林员等生态管护人员，通过购买劳务，争取带动全家脱贫。在集中连片特困地区、国家扶贫开发重点县、重点生态功能区县，本着"精准、自愿、公开、公平"的原则，通过个人报名、村里推荐、乡镇审核的方式，选聘生态护林员等生态管护人员，实行"县建、乡聘、站管、村用"的管理机制，加强森林资源、湿地、沙化土地等保护，同时增加贫困人口收入，精准带动贫困人口稳定脱贫。对处于贫困县域内的国家森林公园、国家湿地公园以及国家级自然保护区，优先安排有劳动能力的建档立卡贫困人口从事森林巡护、森林防火等管护工作④。退耕还林、森林抚育、造林补贴、防护林等建设任务和护林员等岗位，可直接精准安排到贫困户，增加其劳务收入⑤。探索天然林、集体公益林托管，推广"合作社+管护+贫困户"模式，吸纳贫困人口参与管护。支持贫困地区依法通过购买服务开展公益林、草原管护，将管护任务托付给合作社、

---

① 中国政府网.中共中央 国务院关于打赢脱贫攻坚战的决定[EB/OL].http://www.gov.cn/xinwen/2015-12/07/content_5020963.htm.

② 《国家林业和草原局关于印发〈林业草原生态扶贫三年行动实施方案〉的通知》（林规发〔2018〕111号）。

③ 《国家林业局办公室 财政部办公厅 国务院扶贫办行政人事司关于建档立卡贫困人口生态护林员选聘工作的通知》（办规字〔2016〕1717号）。

④ 《国家林业局办公室关于印发〈贯彻落实"十三五"脱贫攻坚规划实施意见〉的通知》（办规字〔2017〕65号）。

⑤ 《国家林业局关于加强贫困地区生态保护和产业发展 促进精准扶贫精准脱贫的通知》（林规发〔2016〕78号）。

管护队，吸纳贫困人口参与生态工程管护，创造更多的就业机会①。针对"三区三州"（"三区三州"的"三区"是指西藏自治区和青海、四川、甘肃、云南四省涉藏地区及南疆的和田地区、阿克苏地区、喀什地区、克孜勒苏柯尔克孜自治州四地区；"三州"是指四川凉山彝族自治州、云南怒江傈僳族自治州、甘肃临夏回族自治州。"三区三州"是国家层面的深度贫困地区，是国家全面建成小康社会目标中最难啃的"硬骨头"）森林、湿地、沙化土地等面积较大，生物多样性资源丰富的优势，加大中央财政资金投入力度，扩大生态护林员选聘规模，对森林、湿地、沙地全面管护，通过生态管护，实现"在家门口脱贫"。在加强贫困地区生态保护的同时，精准带动贫困人口稳定增收脱贫②。对深度贫困地区符合条件的贫困家庭劳动力，实施就业救援，按规定享受公益性岗位补贴、社会保险补贴等政策③。探索生态护林员、草管员分级组织管理机制，将贫困人口培养成为造林员、技术推广员、生态知识宣传员等生态建设一线"排头兵"、脱贫"带头人"。到 2020 年，在有劳动能力的贫困人口中新增选聘生态护林员、草管员岗位 30 万个④。

创新生态资金使用方式，利用生态补偿和生态保护工程资金，让有劳动能力的部分贫困人口就地转为护林员等生态保护人员⑤。通过推行生态建设和保护以工代赈做法，提供很多生态公益性岗位⑥。广西还对生态护林员做出规定，生态护林员为广西 33 个滇黔桂石漠化片区县和国家扶贫开发工作重点县利用财政资金购买劳务，符合本实施细则之选聘条件、受聘参加森林资源管护服务的人员⑦。2017 年新增生态护林员是指在 69 个重点生态功能区转移支付补助县（市、区）、滇桂黔石漠化片区县和国家扶贫开发工作重点县，利用财政资金购买劳务，符合本实施细则之选聘条件，受聘参加公益林、湿地、沙化

---

① 《国家林业局办公室关于印发〈贯彻落实"十三五"脱贫攻坚规划实施意见〉的通知》（办规字〔2017〕65 号）。

② 《国家林业局关于加快深度贫困地区生态脱贫工作的意见》（林规发〔2017〕126 号）。

③ 《农业部等九部门关于印发贫困地区发展特色产业 促进精准脱贫指导意见的通知》（农计发〔2016〕59 号）。

④ 《国家林业和草原局关于印发〈林业草原生态扶贫三年行动实施方案〉的通知》（林规发〔2018〕111 号）。

⑤ 《中共广西壮族自治区委员会关于贯彻落实中央扶贫开发工作重大决策部署 坚决打赢"十三五"脱贫攻坚战的决定》（桂发〔2015〕15 号）。

⑥ 《中共广西壮族自治区委员会关于实施乡村振兴战略的决定》（桂发〔2018〕7 号）。

⑦ 《关于印发广西壮族自治区建档立卡贫困人口生态护林员选聘实施细则的通知》（桂林计发〔2016〕125 号）。

土地等资源管护服务的人员①。充分利用中央生态护林员补助资金购买劳务，在全区滇桂黔石漠化片区县、国家扶贫开发工作重点县和国家重点生态功能区县，选聘一批18~60岁的建档立卡贫困人口，对天然林、公益林、湿地、沙地等森林资源进行管护，实现就地脱贫，并争取带动全家脱贫②。各相关市、县在利用好下达的生态扶贫补助资金的同时，要结合统筹整合使用财政涉农资金，扩大生态护林员的选聘规模。鼓励其他市、县统筹整合相关资金开展生态护林员选聘工作……生态护林员包括2018年新增生态护林员和2017年度选聘生态护林员③。对极度贫困县所需生态护林员岗位，在2019年争取的新增护林员指标中，通过统筹安排补助资金和选聘人数计划优先给予保障④。通过在20个深度贫困地区选聘20 000名生态护林员，带动不少于80 000名贫困人口脱贫⑤。选聘生态护林员30 000名以上，力争带动120 000名贫困人口脱贫⑥。

2.2.2 森林生态效益补偿机制

健全生态补偿标准动态调整机制。完善草原生态保护补助奖励政策，推动地区间建立横向生态补偿制度⑦。健全各级财政森林生态效益补偿补助标准动态调整机制，调动森林保护相关利益主体的积极性，完善森林生态效益补偿补助政策，推动补偿标准更加科学合理。抓好森林生态效益补偿资金监管，保障贫困群众的切身利益⑧。根据"谁受益、谁补偿"原则，建立健全森林生态效益补偿制度，调动森林保护相关利益主体保护森林的积极性。完善森林生态效益服务市场机制，对具有市场潜力的森林效益产品加以开发，实现利益转化。对森林生态效益补偿基金坚持高效利用，完善基金使用和监管制度，设立第三

---

① 《关于印发广西壮族自治区建档立卡贫困人口生态护林员选聘实施细则（2017）的通知》（桂林计发〔2017〕76号）。

② 《关于加强贫困地区生态保护和产业发展 促进精准扶贫精准脱贫的实施意见》（桂林计发〔2017〕79号）。

③ 《关于印发广西壮族自治区建档立卡贫困人口生态护林员选聘实施细则的通知》（桂林计发〔2018〕83号）。

④ 《广西壮族自治区人民政府办公厅关于印发决战极度贫困地区脱贫攻坚支持政策的通知》（桂政办发〔2019〕14号）。

⑤ 《广西壮族自治区林业厅关于加快深度贫困地区生态脱贫工作的实施意见》（桂林计发〔2018〕74号）。

⑥ 《关于印发〈广西推进生态扶贫工作方案〉的通知》（桂发改农经〔2018〕1526号）。

⑦ 中国政府网. 中共中央 国务院关于打赢脱贫攻坚战的决定 [EB/OL]. http://www.gov.cn/xinwen/2015-12/07/content_5020963.htm.

⑧ 《国家发改委等五部门联合印发〈生态扶贫工作方案〉的通知》（发改农经〔2018〕124号）。

方审核与监督机制，增强执行补偿标准的水平。

完善贫困地区生态补偿标准机制。支持将符合条件的贫困老区纳入重点生态功能区补偿范围①。支持在贫困县以森林、湿地、沙化土地为管护重点，让有劳动能力的人员参加生态管护②。将天然林资源保护工程建设任务、森林生态效益补偿、草原生态保护补助奖励政策资金向贫困地区倾斜，逐步提高贫困地区补偿标准。支持贫困地区依法通过购买服务开展公益林、草原管护，将管护任务托付给合作社、管护队，吸纳贫困人口参与生态工程管护，创造更多的就业机会③。天然林资源保护工程建设任务、森林生态效益补偿、草原生态保护补助奖励政策资金向贫困地区倾斜，逐步提高贫困地区补偿标准④。开展中央财政湿地补贴项目建设，优先考虑深度贫困地区，重点支持湿地保护与恢复、湿地生态效益补偿、退耕还湿试点等建设。大力支持深度贫困地区国家湿地公园建设，新建一批国家湿地公园（试点），完善湿地保护体系，改善深度贫困地区湿地生态状况。增加让贫困人口参与保护与服务的公益性岗位⑤。不断完善转移支付制度，探索建立多元化生态保护补偿机制，逐步提高贫困地区和贫困人口生态补偿受益程度。中央财政加大对国家重点生态功能区中的贫困县特别是"三区三州"等深度贫困地区的转移支付力度，扩大政策实施范围，完善补助办法，逐步加大对重点生态功能区生态保护与恢复的支持力度。健全各级财政森林生态效益补偿补助标准动态调整机制，调动森林保护相关利益主体的积极性，完善森林生态效益补偿补助政策，推动补偿标准更加科学合理化。抓好森林生态效益补偿资金监管，保障贫困群众的切身利益。在内蒙古、西藏、新疆、青海、四川、甘肃、云南、宁夏、黑龙江、吉林、辽宁、河北、山西和新疆生产建设兵团的牧区半牧区县实施草原生态保护补助奖励政策，及时足额向牧民发放禁牧补助和草畜平衡奖励资金。以国家重点生态功能区中的贫困县为主体，整合转移支付、横向补偿和市场化补偿等渠道资金，结合当地实际建立生态综合补偿制度，健全有效的监测评估考核体系，把生态补偿资金支付与生态保护成效紧密结合起来，让贫困地区农牧民在参与生态保护中获得

---

① 《关于加大脱贫攻坚力度 支持革命老区开发建设的指导意见》（2016年2月1日）。

② 《国家林业局办公室关于印发〈贯彻落实"十三五"脱贫攻坚规划实施意见〉的通知》（办规字〔2017〕65号）。

③ 《国家林业和草原局关于印发〈林业草原生态扶贫三年行动实施方案〉的通知》（林规发〔2018〕111号）。

④ 《国家林业局办公室关于印发〈贯彻落实"十三五"脱贫攻坚规划实施意见〉的通知》（办规字〔2017〕65号）。

⑤ 《国家林业局关于加快深度贫困地区生态脱贫工作的意见》（林规发〔2017〕126号）。

应有的补偿①。

探索建立多元化生态保护补偿机制。逐步建立地区间横向生态保护补偿机制，引导提供生态产品的老区与受益地区之间，通过资金补助、产业转移、人才培训、共建园区等方式实施补偿。支持符合条件的老区启动实施湿地生态效益补偿和生态还湿②。逐步提高贫困地区和贫困人口生态补偿受益程度③。以国家重点生态功能区中的贫困县为主体，整合转移支付、横向补偿和市场化补偿等渠道资金，结合当地实际建立生态综合补偿制度，健全有效的监测评估考核体系，把生态补偿资金支付与生态保护成效紧密结合起来，让贫困地区农牧民在参与生态保护中获得应有的补偿④。继续实施退牧还草工程和草原生态补奖机制，推行禁牧和草畜平衡，恢复天然草原植被及其生态功能。大力开展人工草地、飞播草地和天然草地补播改良等草地建设方案⑤。

广西壮族自治区林业局不仅指导贫困人口迁出区将符合条件的林地区界定为自治区级以上公益林，实施森林生态效益补偿⑥，还支持开展贫困地区生态综合补偿试点，健全公益林补偿标准动态调整机制⑦。探索建立地区间、流域间、流域上下游生态保护补偿机制，完善森林、湿地生态补偿机制，探索在重点生态区位推行商品楼赎买制度⑧。以国家重点生态功能区中的贫困县为主体，整合转移支付、横向补偿和市场化补偿等渠道资金，结合当地实际探索建立生态综合补偿制度，健全有效的监测评估考核体系，把生态补偿资金支付与生态保护成效紧密结合起来，让贫困地区农民在参与生态保护中获得应有的补偿⑨。为了加大对石漠化地区生态补偿转移支付力度，还争取中央、广西壮族自治区逐年加大生态护林员补助资金投入，在全区滇桂黔石漠化片区县、国家扶贫开发工作重点县和重点生态功能区县，选聘一批 18~60 岁的建档立卡贫困人口，

---

① 《国家发改委等五部门联合印发〈生态扶贫工作方案〉的通知》（发改农经〔2018〕124 号）。

② 中国政府网. 关于加大脱贫攻坚力度支持革命老区开发建设的指导意见 [EB/OL]. http://www.gov.cn/xinwen/2016-02/01/content_5038157.htm.

③ 《国家发改委等五部门联合印发〈生态扶贫工作方案〉的通知》（发改农经〔2018〕124 号）。

④ 《国家林业和草原局关于印发〈林业草原生态扶贫三年行动实施方案〉的通知》（林规发〔2018〕111 号）。

⑤ 《关于印发特色产业增收工作实施方案的通知》（农计发〔2014〕75 号）。

⑥ 《关于印发自治区林业厅支持扶贫生态移民工程实施意见的通知》（桂林计发〔2015〕8 号）。

⑦ 《中共广西壮族自治区委员会关于贯彻落实中央扶贫开发工作重大决策部署 坚决打赢"十三五"脱贫攻坚战的决定》（桂发〔2015〕15 号）。

⑧ 《中共广西壮族自治区委员会关于实施乡村振兴战略的决定》（桂发〔2018〕7 号）。

⑨ 《关于印发〈广西推进生态扶贫工作方案〉的通知》（桂发改农经〔2018〕1526 号）。

对森林、湿地、沙地等资源进行管护，实现"山上就业"，带动全家就地脱贫[1]。进一步提高农业保险覆盖率和保障水平，加大农业保险支持贫困地区力度，为农民脱贫致富保驾护航。……公益林险保险金额从 500 元/亩上调至 625 元/亩，商品林险保险金额从 800 元/亩上调至 1 000 元/亩……公益林险保险费率从 0.3% 下调至 0.24%，商品林险保险费率从 0.35% 下调至 0.28%[2]。

2.3 林业科技扶贫政策

深入开展林业科技成果转移转化、林业科技扶贫开发攻坚示范点创建、林业科技特派员创业、乡土技术能手培养、林业优势产业壮大、林业科技服务水平提升六大专项行动[3]，以贫困村（屯）、贫困人口为重点，因地制宜制定科技精准扶贫规划。强化贫困地区基层农技推广体系建设，组织动员科研机构、科技人才开展科技扶贫公关和技术指导服务。重点向贫困村（屯）选派科技特派员、加大科技成果转化力度，推广一批实用技术[4]。充分发挥科技在脱贫攻坚战中的优势和作用，大力推进林业科技精准扶贫，加快实现贫困地区精准脱贫，支持引领贫困地区生态建设与产业发展，使"绿水青山"成为"金山银山"，为打赢脱贫攻坚战、实现全面建成小康社会目标贡献力量。为此，党和政府出台了一系列支持林业科技扶贫的政策体系。"十三五"期间，国家在贫困地区推广重大林业科技成果 50 项、林木良种 50 个，扶持重大科技产业化项目 3 个，建立自治区、市、县林业科技扶贫开发攻坚示范点 100 个；帮扶指导和发展林业科技精准扶贫示范户 1 500 户，示范户户均增收 20% 以上；通过举办各级各类技术培训，培训林农和基层技术人员 20 万人次以上，使每个贫困户掌握 1 项实用技术；建成林业科技扶贫示范基地 1 万亩以上，辐射带动 10 万亩以上[5]。为了让更多贫困人口掌握林业生产经营技术，广西壮族自治区林业局还建立了自治区、市、县三级培训体系，聚焦贫困地区产业发展精准扶

[1] 《广西壮族自治区林业局关于印发〈林业行业扶贫三年行动计划〉的通知》（桂林计发〔2018〕94 号）。

[2] 《关于加大政策性农业保险扶持力度 支持深度贫困地区脱贫攻坚的通知》（桂财金〔2018〕37 号）。

[3] 《关于印发广西林业科技扶贫行动实施意见的通知》（桂林科发〔2017〕11 号）。

[4] 《中共广西壮族自治区委员会关于贯彻落实中央扶贫开发工作重大决策部署 坚决打赢"十三五"脱贫攻坚战的决定》（桂发〔2015〕15 号）。

[5] 《关于印发广西林业科技扶贫行动实施意见的通知》（桂林科发〔2017〕11 号）。

需求，每年开展多场次多类别的实用技术培训……到 2020 年培训林农和基层技术人员 20 万人次以上，帮助贫困人口掌握实用技术；建成林业科技扶贫示范基地 1 万亩以上，辐射带动 10 万亩以上①。

2.3.1 人才培养政策

选派一批科技扶贫专家。组织选派一批林业专家、科技特派员，深入贫困地区开展精准帮扶活动，加大对地方林业生产经营者、林农大户和企业的技术指导。聚焦山区、沙区、林区经济与社会发展和精准扶贫需求，围绕经济林、珍稀用材林、林下经济、竹藤花卉等资源高效培育与开发利用，有针对性地通过林业专家研发推广优质高产新品种培育、高效经营、种植养殖、精深加工等实用型林业新技术。依托"林业科技活动周""科技下乡""科技列车行""赶科技大集"等多种形式的技术服务活动，把先进实用技术送到山头地坡，送到林农手中。结合天然林资源保护、退耕还林、京津风沙源治理、石漠化综合治理等林业重点工程的实施，组织专家开展生态扶贫。继续开展林业科技特派员科技创业活动，建立点对点精准扶贫机制，有效提高林农技术能力，增加贫困人口收入水平②。

培养一批乡土技术专家。开拓多种技术培训途径，在贫困地区培养一批活跃在林农身边的"看得见、问得着、留得住"的乡土专家和技术能手。创新乡土专家选拔程序，通过组织推荐、专家推荐、个人自荐等方式，采用公开招聘、技艺比拼等多种群众喜闻乐见的活动，发现并选拔一批活跃在林业生产一线的具有一技之长或特殊技艺的乡土专家。"请进来""走出去"相结合，通过邀请有关方面专家和专业人士现场授课或培训，组织乡土人才到相关的林业院校、职业技术学院、技术培训基地进修深造，利用电视、网络等教育平台对乡土人才开展远程培训等多种手段，培养一批技术过硬、乐于奉献、脱贫带动作用显著的乡土专家。在基层林业生产、技术服务等活动中，大胆启用一批乡土专家，让乡土专家真正服务于林业生产第一线和脱贫一线。营造乡土人才创新创业的优良社会环境，建立健全科学合理的乡土人才评价激励机制，完善乡土人才评价标准，充分

---

① 《广西壮族自治区林业局关于印发〈林业行业扶贫三年行动计划〉的通知》(桂林计发〔2018〕94 号)。

② 《关于整合和统筹资金支持贫困地区油茶核桃等木本油料产业发展的指导意见》(林桂发〔2015〕150 号)。

激发乡土人才自我发展、造福乡村的主动性和创造性①。

构建一批科技服务平台。进一步完善林业科技转化平台建设布局，为贫困地区林业部门、生产经营者和林农提供快捷便利的科技服务。加快林业工程（技术）研究中心等转化平台建设，引导组建林业产业技术创新战略联盟，新建 30 个国家林业工程（技术）研究中心，打造 10 个林业产业技术创新联盟，加速科技成果工程化和市场化开发，发展产、学、研协同创新，提升企业科技创新与产业研发能力，支持林业产业升级转型。加强国家林业科学数据、林业科技成果交易、林业知识产权信息服务、林木种质资源、林产品质量检验检测等林业科技服务平台建设，创新科技公共服务模式，着力打造"互联网+林业科技"的线上线下相结合的全方位林业科技服务，提升科技服务水平②。

根据当地资源培育和产业特色，结合林业技术推广项目实施和科技特派员创业行动开展，采取集中授课、专题讲座、现场示范指导等多种形式开展技术培训，普及林业科学知识，提高林农科技水平，在贫困地区培养一批活跃在林农身边的"看得见、问得着、留得住"的乡土专家，培养一批活跃在林业生产一线的具有一技之长或特殊技艺的技术能手。油茶作为经济林中的一种，对农民的生活具有积极的影响，许多农村地区的农民都可以通过种植油茶来换取收入，维持一家人的生计。为了加强油茶科技人才培养和先进实用技术推广，在生产一线开设油茶科技课堂，培养一批油茶乡土专家；在油茶主产区的每个行政村建立 1 个示范点，培养 1 名油茶乡土专家，做到县有技术专家、乡有技术骨干、村有技术能人③。"十三五"期间，举办林业扶贫技术培训班 2 000 次，培训乡土技术人才 20 万人次以上，做到了每个贫困县"县县都有服务队，乡乡都有服务组，村村都有土专家，户户都有明白人"④。

2.3.2　林业科技培训政策

积极组织技术专家深入贫困地区开展精准帮扶活动，加大对生态产业经营大户、合作社和企业的技术指导，在贫困地区培养一批活跃在贫困人口身边的"看得见、问得着、留得住"的乡土专家和技术能手。加大对基层生态扶贫工

---

① 《关于整合和统筹资金支持贫困地区油茶核桃等木本油料产业发展的指导意见》（林桂发〔2015〕150 号）。

② 《关于整合和统筹资金支持贫困地区油茶核桃等木本油料产业发展的指导意见》（林桂发〔2015〕150 号）。

③ 《广西壮族自治区人民政府关于实施油茶"双千"计划 助推乡村产业振兴的意见》（桂政办发〔2018〕52 号）。

④ 《关于印发广西林业科技扶贫行动实施意见的通知》（桂林科发〔2017〕11 号）。

作人员和贫困户的培训力度，提升基层生态扶贫工作人员的能力，提升贫困人口自我发展能力、市场意识和风险防御能力①。开展油茶、核桃等木本油料产业技术培训，大力推广应用新品种新技术，不断创新培训方式和方法，增强培训效果②。组织贫困人口脱贫技能培训。选派优秀中青年干部、后备干部到定点县挂职，落实艰苦地区挂职干部生活补助政策③。加大林业技术推广和培训力度。在贫困地区推广重大林业科技成果 500 项、林木良种 500 个，扶持重大科技产业化项目 10 个；建立林业科技扶贫开发攻坚示范点 500 个，帮扶指导和发展林业科技精准扶贫示范户 1 万户，示范户户均增收 20%以上；通过举办各级各类技术培训，培训林农和基层技术人员 500 万人次以上，每个贫困户掌握 1~2 项林业实用技术。积极开展推广实用技术、建立示范样板、选派扶贫专家、培养乡土专家、培育特色产业和构建服务平台等"六个一"④ 行动，打造科技扶贫精品模式，推动技术定向推广、项目精准落地、专家精准对接，实现生态保护脱贫、产业特色脱贫和科技精准脱贫⑤。建立和完善职业培训、就业创业服务、劳动维权"三位一体"的工作机制。搭建科技扶贫服务平台，创新科技公共服务模式，着力打造"互联网+林业科技"的线上线下相结合的全方位林业科技服务平台，便捷服务贫困地区林业部门、生产经营者和林农群众。支持各类职业技术学校、社会培训机构和用人单位在贫困地区建立农民工培训基地，提高农民工职业培训的针对性和实效性⑥。持续开展"科技下乡""赶科技大集"等多种形式的科技服务活动，把先进实用技术送到山头地坡，送到林农手中⑦。

---

① 《国家林业和草原局关于印发〈林业草原生态扶贫三年行动实施方案〉的通知》（林规发〔2018〕111 号）。

② 《国家林业局关于加强贫困地区生态保护和产业发展 促进精准扶贫精准脱贫的通知》（林规发〔2016〕78 号）。

③ 《国家林业和草原局办公室关于印发〈贯彻实施《林业草原生态扶贫三年行动实施方案》重要政策措施分工方案〉的通知》（办规字〔2018〕195 号）。

④ "六个一"：推广一批实用技术、建立一批示范样板、选派一批扶贫专家、培养一批乡土专家、培育一批特色产业、构建一批服务平台。

⑤ 《国家林业局办公室关于印发〈贯彻落实"十三五"脱贫攻坚规划实施意见〉的通知》（办规字〔2017〕65 号）；《国家发改委等五部门联合印发〈生态扶贫工作方案〉的通知》（发改农经〔2018〕124 号）。

⑥ 《中共广西壮族自治区委员会关于贯彻落实中央扶贫开发工作重大决策部署 坚决打赢"十三五"脱贫攻坚战的决定》（桂发〔2015〕15 号）。

⑦ 《关于印发广西林业科技扶贫行动实施意见的通知》（桂林科发〔2017〕11 号）。

2.3.3 林业科技成果推广与应用政策

加强良种繁育体系建设。加快优质高产新品种的选育和推广，优化品种结构，淘汰不良品种，全面提升良种生产水平。加强定点苗圃、采穗园集约化、标准化管理，改善基础设施条件，武装生产技术装备，提高良种生产水平，确保良种壮苗的生产供应；优先在贫困地区选择适宜油茶产业发展的县作为重点县，提高生产水平，促进油茶产业提质增效。加快油茶、核桃等木本油料树种的生产收获机械研发，提高生产效率，并建立油茶、核桃生产机械化示范基地；针对生产上存在的突出技术问题，组织专家对贫困地区开展技术指导和技术服务[1]。培育推广优良品种。新建和改扩建一批优势特色经济林良种苗木生产基地，保障良种壮苗充足供应。加大优良品种选育力度，培育一批具有重大应用前景和自主知识产权的突破性优良品种。建设优质高产示范基地，在贫困地区的优势产区优先建设一批国家级优质高效示范基地[2]。

推广一批实用技术成果。针对贫困地区经济发展和林农增收致富的技术需求，重点推广油茶、核桃、油橄榄、杜仲、枸杞等经济林优良品种，杨树、杉木、桉树、马尾松、落叶松等速生用材林高效培育技术，大力推广森林作业法体系、林下种植养殖、特色资源林农复合经营、低产低效林改造、病虫害防治等实用技术。围绕贫困地区传统产业技术升级、新兴产业培育等战略需求，重点推广木竹高效加工利用、林产化工绿色生产、林业生物质能源等实用生产技术及相关标准[3]。针对贫困地区自然条件和资源禀赋实际，瞄准贫困地区林农增收致富的技术需求，选择一批先进实用科技成果予以转化、推广和应用。重点推广油茶、核桃、板栗、肉桂、八角、沉香等名优经济林优良品种及高效栽培技术，松、杉、桉、竹、珍贵乡土树种等速生用材林高效培育技术，大力推广林下种植养殖、特色资源林农复合经营、低产低效林改造、病虫害防治等实用技术[4]。

加快良种产业化发展。在六盘山片区、燕山太行山片区、新疆南疆等地，打造一批成规模、上档次的特色林果业基地，不断壮大绿色惠民产业。以特色林果产业为主导，发展核桃、苹果、红枣等传统产业，推广长柄扁桃、双季

---

① 《国家林业局关于加强贫困地区生态保护和产业发展 促进精准扶贫精准脱贫的通知》（林规发〔2016〕78号）。

② 《国家林业局关于加强贫困地区生态保护和产业发展 促进精准扶贫精准脱贫的通知》（林规发〔2016〕78号）。

③ 《关于整合和统筹资金支持贫困地区油茶核桃等木本油料产业发展的指导意见》（林桂发〔2015〕150号）。

④ 《关于印发广西林业科技扶贫行动实施意见的通知》（桂林科发〔2017〕11号）。

槐、杜仲、皂角等新兴产业，完善产业链，着力打造"百县千亩"特色产业基地。推行标准化生产，加快制定和完善优势特色经济林相关标准，加大标准实施和推广力度。实现创新成果与企业有效对接，促进传统产业升级转型，打造具有区域特色的林业新兴产业集群和优势品牌，培育新的经济增长点。改进传统种植模式，实行标准化、集约化生产，推行绿色、有机栽培管理措施。提升产业化水平，充分发挥龙头企业辐射带动作用，积极争创驰名商标、名牌和地理标志产品。积极培育"公司+合作经济组织+农户"多重市场主体的利益联结机制①。

加大资金支持林业科技扶贫力度。中央财政资金重点支持种苗生产、基地建设、科技创新、技术推广等关键环节。种苗生产重点加强良种选育，不断推出高产优质油茶、核桃新品种，建立种苗供应的可追溯制度，全面推行"四定三清楚"["四定"：定点采穗、定点育苗、定（订）单生产、定向供应；"三清楚"：品种清楚、种源清楚、销售去向清楚]。基地建设要引入丰产栽培技术，着力建设标准化、专业化、规模化的高标准示范基地，提高产业发展的质量效益。科技创新要优先开展研发种植、加工、采摘等机械的研制，降低劳动强度和人工成本，提高生产效率。技术推广要重点推广最新的优良品种和栽培管理技术，加强技术指导和培训②。

油茶产业是林业科技成果推广与应用的重点，广西壮族自治区人民政府依托林业科研院所和油茶龙头企业，加强油茶新品种选育、新技术研究、新产品开发以及油茶种植、采摘机械化等领域的科研攻关和技术服务……到2022年，新选育高产、稳产、多抗性油茶优良新品种 2~3 个，新建、改扩建油茶采穗圃 22 个、油茶保障性苗圃 30 个，年产油茶优质苗木 8 000 万株以上③。

2.3.4 科技特派员政策

开展林业科技特派员创业行动，选派一批科技扶贫专家。聚焦贫困地区县域经济发展和精准扶贫需求，从广西林科院、广西生态工程职业技术学院、推广总站及市县林科所、推广站等单位，选派一批拥有专业特长、实践经验丰

---

① 《国家林业局关于加强贫困地区生态保护和产业发展 促进精准扶贫精准脱贫的通知》（林规发〔2016〕78 号）。

② 《关于整合和统筹资金支持贫困地区油茶核桃等木本油料产业发展的指导意见》（林桂发〔2015〕150 号）。

③ 《广西壮族自治区人民政府关于实施油茶"双千"计划 助推乡村产业振兴的意见》（桂政办发〔2018〕52 号）。

富的技术骨干作为科技特派员，深入贫困地区创新创业，加大对贫困地区林农、专业合作社和林业企业的技术指导，全方位开展精准帮扶活动。完善科技特派员科技创业激励政策，支持科技特派员带科技成果到农村创业，把科技特派员的工作业绩作为其评聘和晋升专业技术职务（职称）的重要依据。"十三五"期间，广西壮族自治区人民政府每年选派林业科技特派员到贫困地区进行精准帮扶100人次以上，建立科技特派员点对点精准扶贫示范典型10个[①]。

2.4 国土绿化扶贫政策

坚持扶贫开发与生态保护并重。坚持保护生态，实现绿色发展。牢固树立"绿水青山就是金山银山"理念，把生态保护放在优先位置上，统筹扶贫开发与生态环境保护，探索生态脱贫新路子，让贫困人口从生态建设与修复中得到更多实惠[②]。优先安排贫困地区"三北"、长江、珠江、沿海、太行山等防护林体系建设以及石漠化综合治理、国家储备林建设、沙化土地封禁保护区建设、湿地保护与恢复、农牧交错带已垦草原综合治理等重大工程项目任务。在贫困地区深入实施石漠化综合治理、新一轮退耕还林、天然林保护、防护林建设、坡耕地综合治理等重点生态工程，给予项目和资金倾斜，提高贫困人口参与度和收益水平[③]。

2.4.1 建设生态扶贫专业合作社（队）

为了扎实推进国家林业生态建设，扶持发展生态扶贫专业合作社（队）是保障贫困农户参与生态建设、带动贫困农户精准脱贫的重要载体。生态扶贫专业合作社（队）在推进林业生态扶贫过程中起到了非常重要的作用，其能够从无到有、从少到多，将造林工作逐步完善，提升了林业生态建设工作的效率，真正带领贫困人口造林，帮助贫困人口脱贫致富。林业专业合作社（队）建设主要通过林地规范有序流转，鼓励贫困人口将林地经营权入股造林合作社（队），发展家庭林场、股份合作林场和新型林业经营主体，引导带动贫困人口通过林地流转和参与专业合作社（队）经营获得增收。在贫困地区大力推广扶贫造林

---

① 《关于印发广西林业科技扶贫行动实施意见的通知》（桂林科发〔2017〕11号）。

② 中国政府网. 中共中央 国务院关于打赢脱贫攻坚战的决定［EB/OL］. http://www.gov.cn/xinwen/2015-12/07/content_5020963.htm.

③ 《中共广西壮族自治区委员会关于贯彻落实中央扶贫开发工作重大决策部署 坚决打赢"十三五"脱贫攻坚战的决定》（桂发〔2015〕15号）。

种业专业合作社（队）脱贫模式，林业草原重点工程、经济林、商品林项目优先安排给合作社（队）。鼓励有经验、有能力、有实力的法人或自然人领办、创办合作社（队），扩大合作社（队）的作用和从业范围，吸纳更多的贫困人口参与林业项目建设，支付合理的劳务报酬，增加贫困人口收入[1]。规模小成为生态扶贫专业合作社（队）专业化发展的瓶颈问题，需要鼓励各地方立足产业和区位优势，整合区域人力、财力、物力和科技资源，大力发展和培育一批优势明显、管理规范、示范效应好的生态扶贫专业合作社（队）。生态扶贫专业合作社（队）建设与发展的重要障碍是缺乏资金，政府部门应加大对生态扶贫林业专业合作社（队）的扶持力度，出台相应的优惠政策，解决林业合作社（队）发展资金短缺、融资难等问题。生态扶贫林业专业合作社（队）建设与发展的另一问题是人才缺乏，因此，需要积极动员农业（林业）专业大户、科技"带头人"等农村能人加入合作社（队）；同时，大力引进一批高学历管理型人才和高、精、尖技术型人才加入生态扶贫林业专业合作社（队）；在抓好产业建设发展的同时，还必须加强合作社（队）内部组织管理，建立规范的章程和运行管理机制，健全和完善监管、财务、分配等制度，严格按照规章办事。

积极推广山西脱贫攻坚造林专业合作社扶贫模式，督促各市县加快成立脱贫攻坚造林合作社，吸纳更多的贫困人口参与林业工程建设与后期管护，让他们获得更多的劳务收入，不断提高贫困人口在林业生态建设中的参与度和受益水平[2]。通过指导各市县成立一批贫困人口占社员 60%以上的脱贫攻坚造林合作社，指导成立一批农村森林旅游专业合作社，提高乡村森林旅游组织化程度。加大组织发动力度，推动各地成立更多油茶、核桃、花卉养蜂专业合作社，加快发展壮大家庭林场、专业大户等新兴林业经营主体[3]。每年提供生态护林员岗位 3 万个以上，组建脱贫攻坚造林合作社 100 家以上，采取以工代赈等方式组织贫困人口参与石漠化治理、防护林建设和储备粮营造等林业生态工程建设[4]。在 105 个有扶贫开发任务县范围内扶持发展脱贫攻坚造林合作

---

① 《国家林业和草原局办公室关于印发〈贯彻实施《林业草原生态扶贫三年行动实施方案》重要政策措施分工方案〉的通知》（办规字〔2018〕195 号）；《国家林业和草原局关于印发〈林业草原生态扶贫三年行动实施方案〉的通知》（林规发〔2018〕111 号）。

② 《关于加强贫困地区生态保护和产业发展 促进精准扶贫精准脱贫的实施意见》（桂林计发〔2017〕79 号）。

③ 《广西壮族自治区林业局关于印发〈林业行业扶贫三年行动计划〉的通知》（桂林计发〔2018〕94 号）。

④ 《中共广西壮族自治区委员会 广西壮族自治区人民政府关于打赢脱贫攻坚战三年行动的实施意见》（桂发〔2018〕22 号）。

社……重点依托自治区、市、县三级国有林场内、场外造林所产生的稳定林业工程建设任务，带动所分布县、市、区组建发展脱贫攻坚造林合作社……2018年12月底组建完成不少于220家脱贫攻坚造林合作社①。到2020年，在深度贫困地区组建50个扶贫攻坚造林专业合作社，带动1 500名贫困人口增收脱贫②。力争新建200家以上脱贫攻坚造林合作社，带动不少于5 000名贫困人口脱贫③。

2.4.2 退耕还林还草工程

退耕还林还草工程区大多是贫困地区，深入退耕还林还草不仅对林业生态扶贫产生了重要作用，而且在增加森林碳汇、应对气候变化、参与全球生态治理等方面做出了重要贡献。实施扶贫脱贫攻坚战以来，我国不仅加大了退耕还林还草工程实施力度，而且扩大了退耕还林还草实施规模，并将80%退耕还林任务落实到贫困地区的贫困人口④。在确保省级耕地保有量和基本农田保护任务的前提下，退耕还林主要安排在水土流失、土地沙化严重地区，将25°以上坡耕地、重要水源地、15°~25°坡耕地、陡坡梯田、严重石漠化耕地、严重污染耕地、移民搬迁撂荒耕地纳入退耕还林还草工程范围，对符合退耕政策的贫困村、贫困户实现全覆盖。优先支持西藏、四川省涉藏地区、新疆南疆退耕还林还草工程⑤。优先倾斜集中连片贫困地区的建档立卡贫困村、贫困人口。提升退耕还林还草工程技术管理，加强和规范对退耕还林还草作业设计、建档立卡、检查验收、确权发证、政策兑现、效益监测等关键环节的管理，同时做好补植补造、防火、防治病虫鼠兔害等后期管护工作，确保工程建设质量和成效。及时向退耕农户兑现政策补助资金，充分发挥退耕还林还草政策的精准扶贫作用。科学指导发展适应当地条件、见效快的经济林木，大力培育发展后续产业，实现退耕还林还草工程持续健康发展。退耕还林还草工程款项及时到位，较好地解决好退耕农户的长远生计问题，逐步增强贫困地区的自身"造

---

① 《关于扶持发展脱贫攻坚造林合作社的通知》（桂林营发〔2018〕36号）。

② 《广西壮族自治区林业厅关于加快深度贫困地区生态脱贫工作的实施意见》（桂林计发〔2018〕74号）。

③ 《关于印发〈广西推进生态扶贫工作方案〉的通知》（桂发改农经〔2018〕1526号）。

④ 《国家林业和草原局关于印发〈林业草原生态扶贫三年行动实施方案〉的通知》（林规发〔2018〕111号）。

⑤ 《国家林业和草原局关于印发〈林业草原生态扶贫三年行动实施方案〉的通知》（林规发〔2018〕111号）。

血"功能，提高贫困人口的自我发展能力①。

加大对集中连片特殊困难地区和贫困县退耕还林等生态工程支持力度②。大力推进贫困地区新一轮退耕还林……对符合退耕政策的贫困村、贫困户实现全覆盖③。在贫困地区深入实施新一轮退耕还林等重点生态工程，给予项目和资金倾斜，提高贫困人口参与度和收益水平④。加大贫困地区新一轮退耕还林力度⑤，将80%新增退耕还林任务安排到贫困县，积极推进贫困县新增退耕还林任务优先用于扶持建档立卡贫困户……到2020年，全区完成新一轮退耕还林面积5万亩，带动不少于2 000名贫困人口脱贫⑥。到2020年，20个深度贫困地区县完成新一轮退耕还林面积2万亩，带动不少于800名贫困人口脱贫⑦。

2.4.3 天然林资源保护工程

为了推进天然林修复，促进天然林顶级群落演替，提升生态安全功能，加强森林抚育，提升森林质量，我国实施了以自然恢复为主的天然林资源保护工程。实施天然林资源保护工程是保护、培育和发展森林资源，改善生态环境，建设生态屏障的必然要求，对确保林区社会和谐稳定、提高森林管护质量、促进森林资源可持续增长具有重大的现实意义。为了加强天然林保护力度，积极推进天然林保护工程建设，2014年，习近平总书记多次强调：要全面停止天然林商业性采伐，把所有天然林都保护起来。为了使天然林保护工程有的放矢，根据2014年中央1号文件精神和国家林业局部署，从2014年4月1日起，在黑龙江重点国有林区进行全面停止天然林商业性采伐（以下简称"停伐"）试点；2015年中央1号文件《关于加大改革创新力度 加快农业现代化建设的若干意见》又提出继续扩大停止天然林商业性采伐试点，大力推进重大林业生态工程，提高天然林资源保护工程补助和森林生态效益补偿标准；国家林业

---

① 《国家林业局关于加强贫困地区生态保护和产业发展 促进精准扶贫精准脱贫的通知》（林规发〔2016〕78号）。

② 《广西壮族自治区发展和改革委员会关于支持贫困地区农林水利基础设施建设 推进脱贫攻坚的实施意见》（桂发改农经〔2017〕1372号）。

③ 《中共广西壮族自治区委员会 广西壮族自治区人民政府关于打赢脱贫攻坚战三年行动的实施意见》（桂发〔2018〕22号）。

④ 《中共广西壮族自治区委员会关于贯彻落实中央扶贫开发工作重大决策部署 坚决打赢"十三五"脱贫攻坚战的决定》（桂发〔2015〕15号）。

⑤ 《关于印发〈广西推进生态扶贫工作方案〉的通知》（桂发改农经〔2018〕1526号）。

⑥ 《关于加强贫困地区生态保护和产业发展 促进精准扶贫精准脱贫的实施意见》（桂林计发〔2017〕79号）。

⑦ 《广西壮族自治区林业厅关于加快深度贫困地区生态脱贫工作的实施意见》（桂林计发〔2018〕74号）。

局对此非常重视并发布了《关于严格保护天然林的通知》（林资发〔2015〕181号）：全面停止天然林商业性采伐，是保护好我国珍贵的天然林资源，全面推进生态文明建设的迫切需要。党的十八届五中全会报告更明确提出，"十三五"期间要"完善天然林保护制度，全面停止天然林商业性采伐，严禁移植天然大树进城"。此外，国家林业和草原局副局长张永利在全国天然林保护办公室主任工作会上明确了天然林保护工程的"十三五"目标，即到2020年天然林保护应达到以下目标：科学实现天然林保护在全国的全覆盖，基本建成比较完备的天然林保护制度体系；2016年要停止全国所有国有林场天然林的商业性采伐；从2017年开始，通过协议，逐步停止全国集体所有的天然林商业性采伐。实施天然林保护工程，设立生态公益性岗位，支持在贫困县以政府购买服务方式，以天然林管护为重点，让贫困户参与天然林管护工作，以此增加其就业机会。调整产业结构，促进林区经济与社会转型发展，助推贫困人口脱贫。2017年，在巩固重点国有林区天然林全面停伐的基础上，稳步推进停止国有林场及集体和个人所有的天然林商业性采伐；不仅提升森林资源质量，而且创造就业岗位助推脱贫；切实加强森林抚育经营和后备森林资源培育①。

加大封山育林力度，加强自然保护区建设管理和公益林保护，完善天然林保护制度，全面停止天然林商业性采伐②。加大野生动植物保护及自然保护区、天然林商业性停伐等林业重点工程建设，强化林草植被、湿地、重点物种和栖息地的保护和恢复③。在贫困地区深入实施天然林保护、防护林建设等重点生态工程，给予项目和资金倾斜，提高贫困人口参与度和收益水平④。……每年安排管护补助资金向54个贫困县倾斜……加快珠江、沿海等防护林体系建设，将任务优先安排到当年预脱贫摘帽的贫困县、贫困村、贫困户……加强国家储备林建设，积极利用社会资本，重点在光热水土条件较好、森林资源较为丰富、集中连片区域，发展140万亩国家储备粮基地⑤。

---

① 《国家林业局关于加强贫困地区生态保护和产业发展 促进精准扶贫精准脱贫的通知》（林规发〔2016〕78号）；《国家林业和草原局关于印发〈林业草原生态扶贫三年行动实施方案〉的通知》（林规发〔2018〕111号）。

② 《中共广西壮族自治区委员会关于实施乡村振兴战略的决定》（桂发〔2018〕7号）。

③ 《关于加强贫困地区生态保护和产业发展 促进精准扶贫精准脱贫的实施意见》（桂林计发〔2017〕79号）。

④ 《中共广西壮族自治区委员会关于贯彻落实中央扶贫开发工作重大决策部署 坚决打赢"十三五"脱贫攻坚战的决定》（桂发〔2015〕15号）。

⑤ 《关于印发〈广西推进生态扶贫工作方案〉的通知》（桂发改农经〔2018〕1526号）。

2.4.4 喀斯特地区石漠化综合治理工程

2016 年底，我国石漠化土地面积为 1 007 万公顷，我国石漠化和喀斯特地区包括 8 个省份：贵州、云南、四川、重庆、广东、广西、湖南、湖北。除广东省外，其他 7 个省份分布的 217 个贫困县占全国贫困县的 26%，7 个县的贫困人口占全国贫困人口的 47%，因此，大部分石漠化地区也是重度贫困区。在石漠化治理过程中，国家同时实施政策扶贫、工程扶贫、产业扶贫、项目扶贫等扶贫方式，不仅带动了当地的经济发展，同时也逆转了石漠化问题。在喀斯特地区的石漠化贫困片区，我国主要采取封山育林育草、人工造林、退耕还林还草、森林抚育等多种措施，不仅加强喀斯特地区林业植被的保护与恢复，提高林业植被覆盖率与生物多样性，促进喀斯特地区生态系统修复，防治土地石漠化，而且开展石漠化治理的优良树种、林种等配比结构、困难立地造林技术集成、生态经济型修复等综合治理模式的研究、试验、示范与推广。在实施喀斯特地区石漠化综合治理工程过程中，在 217 个贫困县聘请了 12.5 万名生态护林员，带动了近 50 万人增收；中央财政总计投入 179 亿元，其中在 217 个贫困县的投入占总投入的 70%，中央预算内专项资金每年将重点支持武陵山片区、乌蒙山片区、滇黔桂石漠化片区、秦巴山片区、滇西边境山区、四省涉藏地区、罗霄山片区等集中连片特困地区 146 个重点县，实现了向集中连片特困片区和国家扶贫工作重点县等贫困地区倾斜资金的目标。国家林业和草原局还大力支持地方通过发展生态产业、林业产业推动地方经济发展和农民增收致富，指导和扶持这些地区发展经济林果、木本粮油、林下经济、森林旅游、森林康养等一系列的林业产业。实施喀斯特地区石漠化综合治理工程，喀斯特地区的石漠化贫困片区农村生产生活条件明显改善，逐步建立起以林业植被为主体的生态安全体系和较发达的林业产业体系，促进贫困人口脱贫增收，实现区域生态良好、人与自然和谐相处、经济与社会可持续发展的良好局面。实施喀斯特地区石漠化综合治理工程，充分体现了生态产业化和产业生态化的基本战略，实现了生态效益、经济效益、社会效益的有机统一①。在贫困地区深入实施石漠化综合治理等重点生态工程，给予项目和资金倾斜，提高贫困人口参与

---

① 《国家林业局关于加强贫困地区生态保护和产业发展 促进精准扶贫精准脱贫的通知》（林规发〔2016〕78 号）。

度和收益水平①。坚持"治石与治贫"相结合，开展全区 43 个重点县的石漠化综合治理工程，其中 26 个贫困县投资安排占年度投资 70% 以上，通过采取封山育林育草、人工造林、森林抚育、小流域综合治理等措施，每年完成喀斯特地区治理面积 1 720 平方千米②。

2.4.5 湿地保护与恢复工程

开展湿地保护与恢复工程，有效改善湿地生态环境，增强湿地涵养水源，净化水质，调节气候功能。在集中连片、生态功能严重退化的湿地实施湿地保护与修复工程。对于《"十三五"脱贫攻坚规划》涉及区域内的国际重要湿地、湿地自然保护区和国家湿地公园及周边范围内非基本农田实施退耕还湿。组织开展监测评估和对管理及技术人员进行培训，加强基层管理机构的能力建设③。加大对湿地保护修复的公共投入，对退耕还湿行为进行财政补贴，对湿地保护区域进行生态补偿。增加设立湿地管理、保护、修复湿地管护等生态环保管护岗位，优先安排易地搬迁群众参与管护和服务，统筹湿地保护修复和退耕还湿群众的生计问题，精准带动贫困人口稳定增收脱贫。明确湿地退化的责任者和受害者的关系，明确湿地保护修复的付出者和受益者的关系，实施横向生态补偿。利用开发性和政策性金融推进湿地保护与修复地区生态建设，引导社会资本合作实施林果产业扶贫项目，对改善区域生态环境、加快全市林果产业集约发展、助力湿地保护与修复地区的生态保护和高质量发展将起到重要推动作用④。加大湿地保护与恢复等林业重点工程建设，强化林草植被、湿地、重点物种和栖息地的保护和恢复⑤。优先支持贫困县申报创建国家湿地公园和省级湿地公园，鼓励各地在湿地公园建设过程中吸纳建档立卡贫困人口就业……支持贫困县实施湿地保护与恢复、湿地生态效益补偿、退耕还湿试点等项

---

① 《中共广西壮族自治区委员会关于贯彻落实中央扶贫开发工作重大决策部署 坚决打赢"十三五"脱贫攻坚战的决定》（桂发〔2015〕15 号）。

② 《关于印发〈广西推进生态扶贫工作方案〉的通知》（桂发改农经〔2018〕1526 号）。

③ 《国家林业局关于加强贫困地区生态保护和产业发展 促进精准扶贫精准脱贫的通知》（林规发〔2016〕78 号）。

④ 国家林业和草原局网. 全国湿地保护"十三五"实施规划［EB/OL］. http://www.forestry. gov.cn/sites/main/main/gov/content.jsp？TID = 2379.

⑤ 《关于加强贫困地区生态保护和产业发展 促进精准扶贫精准脱贫的实施意见》（桂林计发〔2017〕79 号）。

目，完善湿地保护体系①。

2.4.6 国家公园建设工程

国家地质公园、世界地质公园建设推动了所在地区的脱贫攻坚进程，初步形成了脱贫致富长效机制。根据区域特点，从旅游业、生态农业、中草药业、珍稀苗木基地建设等方面，投入帮扶资金，支持村集体经济建设，逐步实现产业转型。通过培训和以奖代补，推广"农户+基地+合作社"的产购销模式，扩大产业规模。积极争取专项资金，整合危房改造、生态移民、易地扶贫搬迁等项目资金，指导创建美丽乡村，实施乡村庭院美化、亮化、绿化工程，提升道路、供电、通信等基础设施，极大改善乡村生态环境和发展条件。建立国家公园体制，依托丰富的自然资源，多渠道筹措资金，成立农业合作社，发展种养特色产业，并通过国有土地和集体土地置换、安置就业等方式，让生态搬迁贫困户生活有改善、生产有保障、享受公共服务水平有明显提高。在不损害自然生态系统的前提下，开展基础设施、科研、教育、旅游等建设，引导和鼓励企业依法发展旅游、康养等产业，带动贫困人口参与开发，分享保护红利②。走生态优先、绿色发展之路，深度延长旅游链，以公园相关旅游业为区域产业结构优化调整的抓手，融合新农村建设、民俗文化体验、现代科技农业发展等，以电商点、现代农业、科学指导为方式，统筹推进乡村振兴战略，实现园区贫困农户长效增收，统筹推进公园与贫困地区发展。支持有条件的贫困地区建设国家公园③。

2.5 林业定点帮扶政策

2010 年 7 月，中共中央办公厅、国务院办公厅印发《关于进一步做好定点扶贫工作的通知》，要求各地区各部门进一步做好定点扶贫工作。定点扶贫以国家扶贫开发工作重点县为主要对象，优先考虑西部地区，重点支持革命老区、民族地区、边疆地区、贫困地区的重点县。军队和武警部队定点扶贫县的

---

① 《关于印发〈广西推进生态扶贫工作方案〉的通知》（桂发改农经〔2018〕1526 号）。
② 《国家发改委等五部门联合印发〈生态扶贫工作方案〉的通知》（发改农经〔2018〕124 号）。
③ 《中共广西壮族自治区委员会关于贯彻落实中央扶贫开发工作重大决策部署 坚决打赢"十三五"脱贫攻坚战的决定》（桂发〔2015〕15 号）。

确定，按照《印发〈关于进一步加强全军和武警部队参与扶贫开发工作的意见〉的通知》的有关规定执行。2015年12月8日，中共中央总书记、国家主席、中央军委主席习近平就机关企事业单位做好定点扶贫工作做出重要指示。他强调，党政军机关、企事业单位开展定点扶贫，是中国特色扶贫开发事业的重要组成部分，也是中国政治优势和制度优势的重要体现。定点扶贫工作对于推动我国全面建成小康社会这一奋斗目标有着重要意义，是实现脱贫致富的重要手段。为了健全干部驻村帮扶机制，中共中央办公厅、国务院办公厅要求在各省（自治区、直辖市）现有工作基础上，普遍建立驻村工作队（组）制度。可分期分批安排，确保每个贫困村都有驻村工作队（组），每个贫困户都有帮扶责任人。把驻村入户扶贫作为培养锻炼干部特别是青年干部的重要渠道。驻村工作队（组）要协助基层组织贯彻落实党和政府各项强农、惠农、富农政策，积极参与扶贫开发各项工作，帮助贫困村、贫困户脱贫致富。落实保障措施，建立激励机制，实现驻村帮扶长期化、制度化。中央和国家机关要发挥引领示范作用，认真贯彻扶贫开发政策，落实分工任务，积极选派优秀干部到贫困地区帮扶①。国务院办公厅特别要求定期选派优秀中青年干部挂职扶贫、驻村帮扶②。农业部、国家林业局、国务院扶贫办、商务部、国家发展改革委、科技部、全国供销合作总社积极响应中共中央办公厅与国务院办公厅文件精神，围绕特色产业增收，大力实施新型职业农民培育工程、基层农技推广体系补助项目，进一步实施好"西部之光"访问学者计划，坚持与贫困地区互派干部挂职③。在健全定点扶贫机制方面，中共中央、国务院不仅要求建立考核评价机制，而且要求完善定点扶贫牵头联系机制④。中共中央、国务院心系革命老区脱贫攻坚工作，要求深入推进中央企业定点帮扶贫困革命老区"百县万村"活动，进一步挖掘中央和省级定点扶贫单位帮扶资源，逐步实现定点扶贫工作对贫困老区全覆盖。加快建立省级政府机关、企事业单位或省内发达县市对口帮扶本省贫困老区的工作机制。根据老区贫困村实际需求，精准选派

---

① 《中共中央办公厅 国务院办公厅印发〈关于创新机制 扎实推进农村扶贫开发工作的意见〉》（中办发〔2013〕25号）。

② 《国务院办公厅关于进一步动员社会各方面力量参与扶贫开发的意见》（国办发〔2014〕58号）。

③ 《农业部 国家林业局 国务院扶贫办 商务部 国家发展改革委 科技部 全国供销合作总社关于印发特色产业增收工作实施方案的通知》（农计发〔2014〕75号）。

④ 中国政府网. 中共中央 国务院关于打赢脱贫攻坚战的决定[EB/OL]. http://www.gov.cn/xinwen/2015-12/07/content_5020963.htm.

驻村工作队，提高县以上机关派出干部比例①。为了加强驻村帮扶工作，不仅要求根据贫困村需求，调整充实第一书记和驻村工作队，优先选派政治素质好、工作作风实、综合能力强、具有履职身体条件的人员参加驻村工作②，而且需要落实定点扶贫工作责任，出台具体帮扶措施。选派优秀中青年干部、后备干部到贫困地区挂职，落实艰苦地区挂职干部生活补助政策③。对成绩突出、群众公认的第一书记和驻村干部可按照国家有关规定予以表彰宣传，注重提拔使用，对不胜任的要求及时召回调整④。为了加快贫困地区以及贫困户尽快发展产业，国务院农业农村部、国务院扶贫办还要求建立产业指导员制度，从驻村第一书记、驻村工作队成员、结对帮扶干部、村组干部、新型林（草）业经营主体中遴选产业发展指导员，明确到户户户干部承担政策宣传、产业选择、产业发展技术服务、产品销售以及风险防范等指导职责，帮助贫困户协调解决生产经营问题，有利于落实到户到人精准帮扶举措、解决当前产业扶贫"最后一公里"难题⑤。龙胜、荔波、独山是国家林业和草原局的定点帮扶县。张建龙局长认为，帮助这些地方的贫困人口如期全部脱贫，林业部门责无旁贷⑥。因此，国家林业和草原局制定了目标与帮扶措施。为了深入实施定点扶贫工作，落实定点扶贫工作职责，国家林业和草原局把定点扶贫县扶贫工作纳入扶贫工作重点，加强工作力量，出台具体帮扶措施。要求选派优秀中青年干部、后备干部到定点县挂职，落实艰苦地区挂职干部生活补贴政策。组织有关司局、直属单位，开展多形式、多层级、多内容的定点帮扶活动，倡导全行业为定点县做实事⑦，扎实推进生态扶贫。国家林业和草原局要求认真落实定点

---

① 中国政府网. 关于加大脱贫攻坚力度 支持革命老区开发建设的指导意见[EB/OL]. http://www.gov.cn/xinwen/2016-02/01/content_5038157.htm.

② 《中共中央办公厅 国务院办公厅印发〈关于支持深度贫困地区脱贫攻坚的实施意见〉的通知》（厅字〔2017〕41号）。

③ 中国政府网. 中共中央 国务院关于打赢脱贫攻坚战三年行动的指导意见[EB/OL]. http://www.gov.cn/zhengce/2018-08/19/content_5314959.htm.

④ 《中共中央办公厅 国务院办公厅印发〈关于支持深度贫困地区脱贫攻坚的实施意见〉的通知》（厅字〔2017〕41号）。

⑤ 《国务院农业农村部 国务院扶贫办 关于建立贫困户产业发展指导员制度的通知》（农规发〔2018〕4号）。

⑥ 央视网. 国家林业和草原局多举措推进生态扶贫[EB/OL]. https://www.sohu.com/a/275878230_428290.

⑦ 《国家林业和草原局关于印发〈林业草原生态扶贫三年行动实施方案〉的通知》（林规发〔2018〕111号）。

扶贫责任，进一步加大帮扶力度，帮助荔波、独山两县脱贫摘帽①。

根据广西壮族自治区党委、政府关于"十三五"时期对口帮扶贫困县、贫困村的工作部署，广西壮族自治区林业局从 2015 年起对隆林县新州镇马雄村、民德村、岩茶乡龙台村、介廷乡弄昔村、桠权镇忠义村、蛇场乡新寨村这6 个贫困村实施精准扶贫，帮助培育形成林业特色优势产业，帮助丰富精神文化生活，打造精准扶贫攻坚的典型，全面实现贫困村贫困人口在 2020 年以前全部脱贫的目标②。

2.6 广西石漠化地区林业生态扶贫政策实施效果

2.6.1 贫困区、贫困县与贫困人口情况

2.6.1.1 贫困区主要范围③

广西石漠化地区包括南宁、柳州、桂林、百色、河池、来宾、崇左 7 市的35 个县（区）、416 个乡镇、5 027 个行政村，土地面积 10.02 万平方千米，占全区总面积的 42.2%。石漠化地区位于桂西北、桂西南地区，处于云贵高原向丘陵过渡地带，西南毗邻越南，西与云南相连，北与湖南、贵州接壤，地处珠江、湘江上游，境内有红水河、左江、右江、融江、资江、百都河等主要河流，是我国水能资源蕴藏量比较丰富的地区。宁明、龙州、大新、靖西、那坡5 县与越南接壤，陆地边境线长 795.5 千米，占广西陆地边境线的 78%。

石漠化地区范围广、自然条件恶劣、生态状况脆弱、有效灌溉率低，农业生产受水资源制约大，坡耕地面积 202.82 万公顷，其中草地石漠化面积112.07 万公顷，占总耕地面积的 55.4%；草地石漠化面积超过 1 万公顷的有33 个县，其中超过 5 万公顷的有都安、大化、忻城、德保、天等。

石漠化程度深。在石漠化土地中，轻度石漠化面积占 10.0%，中度石漠化面积占 27.2%，重度石漠化面积占 55.2%，极重度石漠化面积占 7.6%。以重度、极重度面积居多，占 62.8%。重度、极重度石漠化土地主要分布在河池

---

① 《国家林业和草原局关于印发〈国家林业和草原局 2019 年工作要点〉的通知》（林规发〔2019〕1 号）。

② 《关于印发自治区林业厅精准帮扶隆林各族自治县贫困村工作方案的通知》（桂林发〔2016〕5 号）。

③ 《自治区扶贫办、自治区发展改革委关于印发〈滇桂黔石漠化片区区域发展与脱贫攻坚广西实施规划（2016—2020 年）〉的通知》（桂开办发〔2018〕13 号）。

市、百色市、崇左市等老、少、边、山、穷地区，治理难度大。

石漠化分布区域生态区位十分重要。石漠化土地主要集中在桂中的红水河流域、浔江流域，桂西的左江、右江流域，桂东北的漓江流域中下游。石漠化地区水土流失严重，河流泥沙含量高，不仅直接影响本土水电资源的开发和利用，而且威胁珠江下游地区的生态安全。

2.6.1.2 贫困县与贫困人口情况

广西共有33个国家扶贫开发重点县和集中连片特困地区贫困县（以下简称"33个县"），其中20个深度贫困县全部位于该区域。

从行政村情况看，33个县共有行政村4 548个，其中2015年底，贫困村2 449个，贫困发生率19.5%；2019年底，贫困村减少到449个，贫困发生率降至1.2%。

从人口情况看，33个县2012年底共有户籍人口1 138.5万人，2015年底共有建档立卡贫困人口225.2万人；2019年底，户籍人口增加到1 175.7万人，建档立卡贫困人口减少到13.9万人。

从收入情况看，33个县2015年底农村居民年人均纯收入4 124元（其中林业收入263元），建档立卡贫困人口年人均纯收入2 822元（其中林业收入833元）；2019年底，农村居民年人均可支配收入7 080元（其中林业收入366元），建档立卡贫困人口年人均纯收入增加到10 483元（其中林业收入2 096元）。详见表2-1。

表 2-1 贫困县、贫困人口、收入与产值情况对比

指标	单位	2012 年	2013 年	2014 年	2015 年	2016 年	2017 年	2018 年	2019 年
1. 总人口	万人	1 138.46	1 138.65	1 147.29	1 154.20	1 165.03	1 165.96	1 173.27	1 175.66
其中：建档立卡贫困人口	人	—	—	—	2 251 800	1 751 100	1 367 200	706 100	138 901
其中：已脱贫人口	人	—	—	—	—	547 900	457 300	666 300	562 200
返贫人口	人	—	—	—	—	8 799	48 222	7 909	0
2. 行政村	个	4 548	4 548	4 548	4 548	4 548	4 548	4 548	4 548
其中：贫困村	个	—	—	—	2 449	2 227	1 804	1 220	449
贫困发生率	%	—	—	—	19.50	15.00	11.70	6.00	1.20
3. 农民人均收入	元	2 942.90	3 329.59	3 717.13	4 123.67	5 318.44	5 838.13	6 418.80	7 079.69
其中：林业收入	元	204.03	208.04	246.00	262.76	251.89	277.49	304.24	365.86
4. 建档立卡贫困人口人均收入	元	—	—	—	2 822.37	5 306.77	7 818.98	9 144.46	10 483.01
其中：林业收入	元	—	—	—	832.89	1 326.10	1 563.44	1 828.31	2 095.86

2.6.2 林业资源基本情况

（1）森林资源情况。33 个县 2012 年底森林覆盖率 67.1%，森林蓄积量 2.6 亿立方米；2019 年底森林覆盖率提高到 74.5%，森林蓄积量增长到 3.5 亿立方米。

（2）林地情况。33 个县 2012 年底林地总面积 1.04 亿亩，其中森林面积 9 077 万亩；2019 年底林地总面积达 1.05 亿亩，其中森林面积 9 227 万亩。

（3）草地情况。33 个县 2012 年底草地总面积 743 万亩（已确权面积 8.6 万亩），2019 年底未发生变化。

（4）湿地情况。33 个县 2012 年底湿地总面积 184 亿亩，2019 年底未发生变化。

（5）石漠化情况。33 个县 2012 年底石漠化总面积 1 691.1 万亩，2019 年底石漠化总面积减少到 1 470.9 万亩，无荒漠和沙化土地。

（6）自然保护地情况。①自然保护区：33 个县 2012 年底共有自然保护区 35 个（面积 926.8 万亩），其中国家级自然保护区 11 个（面积 365.7 万亩）；2019 年底共有自然保护区 41 个（面积 1 034.8 万亩），其中国家级自然保护区 16 个（面积 409.8 万亩）。②森林公园：33 个县 2012 年底共有森林公园 20 个（面积 230.5 万亩），其中国家级森林公园 8 个（面积 214.4 万亩）；2019 年底共有森林公园 40 个（面积 337.9 万亩），其中国家级森林公园 15 个（面积 288.5 万亩）。③湿地公园：33 个县 2012 年底共有湿地公园 10 个（面积 21.4 万亩），全部为国家级湿地公园，2019 年底未发生变化。④地质公园：33 个县 2012 年底共有地质公园 12 个（面积 370.3 万亩），其中国家级地质公园 8 个（面积 299.6 万亩）；2019 年底共有地质公园 17 个（面积 451.3 万亩），其中国家级地质公园 11 个（面积 348.8 万亩）。⑤风景名胜区：33 个县 2012 年底共有风景名胜区 9 个（面积 789.5 万亩），其中国家级风景名胜区 1 个（面积 450.2 万亩），2019 年底未发生变化。详见表 2-2。

表2-2 广西贫困县林草资源情况对比

指标	单位	2012年	2013年	2014年	2015年	2016年	2017年	2018年	2019年
1.林地总面积	万亩	10 424.3	—	—	—	—	—	—	10 510.7
其中:有林地	万亩	6 254.9	—	—	—	—	—	—	6 468.3
宜林荒山荒地	万亩	301.3	—	—	—	—	—	—	187.4
2.非林地面积	万亩	5 421.514	—	—	—	—	—	—	5 431.479
其中:耕地	万亩	1 919.22	—	—	—	—	—	—	1 917.223
25°以上坡地	万亩	251.944	—	—	—	—	—	—	252.844 7
15°~25°坡地	万亩	237.367 7	—	—	—	—	—	—	240.216 4
3.草地总面积	万亩	743.48	—	—	—	—	—	—	743.48
4.森林覆盖率	%	67.09	67.98	68.36	68.64	68.88	73.16	73.98	74.52
5.自然保护区	个	35	39	40	40	41	41	41	41
其中:国家级自然保护区数量	个	11	14	15	15	16	16	16	16
国家级自然保护区面积	万亩	365.699 3	381.799 3	403.299 3	403.299 3	409.799 3	409.799 3	409.799 3	409.799 3
6.国家级森林公园									
(1)个数	个	8	8	8	8	8	8	8	8
(2)面积	万亩	214.354 5	214.354 5	214.354 5	214.354 5	214.354 5	214.354 5	214.354 5	214.354 5

表2-2（续）

指标	单位	2012年	2013年	2014年	2015年	2016年	2017年	2018年	2019年
7. 国家湿地公园									
（1）个数	个	10	10	10	10	10	10	10	10
（2）面积	万亩	21.37	21.37	21.37	21.37	21.37	21.37	21.37	21.37
8. 国家地质公园									
（1）个数	个	8	8	8	8	8	8	9	11
（2）面积	万亩	299.643	299.643	299.643	299.643	299.643	299.643	320.763	348.793
9. 国家级风景名胜区									
（1）个数	个	1	1	1	1	1	1	1	1
（2）面积	万亩	450.15	450.15	450.15	450.15	450.15	450.15	450.15	450.15

2.6.3 林业生态扶贫的主要成效

2016—2020 年，累计安排中央、自治区涉林专项资金 116.96 亿元到 35 个石漠化片区县，占已下达全区涉林专项资金的 49.7%（其中 2020 年安排 24.7 亿元，占同期已下达全区涉林专项资金的 50.8%）。林业生态建设和生态扶贫累计直接带动片区 40 万名以上贫困人口稳定脱贫，林业生态扶贫取得了显著的成效。具体体现：

一是生态保护和建设成效显著。"十三五"期间，通过实施林业生态保护工程，片区生态环境得到改善，片区森林覆盖率由 2015 年的 68.36% 提高到 2020 年的 74.4%。片区人居环境不断改善，农村呈现出"石山增绿、群众增收、村在林中、家在绿中"的景观，片区群众生产生活条件得到有效改善。具体措施：①实施退耕还林工程。片区实施新一轮退耕还林 44 万亩，共安排退耕还林补助资金 6.66 亿元，占全区的 84.7%，片区受益贫困户 1.93 万户 7.94 万人。②积极开展国土绿化。2016—2020 年，全区共下发造林补贴 3.41 亿元，其中 35 个片区县 2.47 亿元；下发森林抚育补助 8.43 亿元，其中 35 个片区县 2.96 亿元。累计完成重点防护林工程造林 15.4 万亩。实施"绿满八桂""美丽广西·生态乡村"村屯绿化专项行动、村屯绿化美化景观提升行动等村屯绿化活动，大力改善片区农村人居环境，累计绿化片区村屯 2.6 万个。③不断夯实自然生态资源基础。2020 年底片区共建成自然保护区 33 处，其中国家级自然保护区 10 处、自治区级林业自然保护区 18 处、市县级自然保护区 5 处。片区内共有国家湿地公园 11 个（含试点，其中 8 个已通过国家林业和草原局验收）。建成各级森林公园 17 个，其中国家级森林公园 8 个、自治区级森林公园 9 个。片区水源涵养、水土保持、生物多样性和地貌多样性等重要生态功能、生态屏障作用凸显。

二是生态保护和生态补偿增收实现双赢。"十三五"期间，累计倾斜安排片区生态护林员补助资金 13.49 亿元，精准带动近 14 万贫困人口增收脱贫。下发森林生态效益补偿与天然林停伐管护补助资金 39.5 亿元（其中天然林停伐管护补助 4.2 亿元），增加了片区群众收入。2020 年底片区共有天然商品林面积约 463.49 万亩，自治区级以上公益林面积 4 613.25 万亩，其中国家级公益林面积 3 991.18 万亩，自治区级公益林面积 622.07 万亩，有效守护了"绿水青山就是金山银山"的资源根基。

三是推进绿色产业发展成效明显。"十三五"期间，在保护生态的基础上，结合林业重点工程资金，着力推进片区木本油料、林下经济、森林旅游等生态产业发展，木本油料等特色经济林产业累计投入 62 984 万元；林下经济累计投入 43 647 万元，其中自治区财政投入 6 422 万元。片区林业产业总产值由 2015 年的 889 亿元增加到 2020 年的 1 269 亿元，增长 42.74%。通过发展木本油料、林下经济、森林旅游等绿色富民产业带动群众就业致富。具体措施：①深入实施油茶"双千计划"。片区每年新造林、低产林改造油茶林 60 万亩以上，2020 年油茶种植总面积达 545 万亩，占全区油茶林总面积的 66.2%，成为脱贫的"长线"项目。百色市凌云县下甲镇双达油茶农民专业合作社采取"村集体+合作社+基地+农户"的发展模式，引导 72 户贫困户参与 1 138 亩油茶低产林改造，带动贫困户年人均增收 4 700 元以上。目前全区油茶种植面积、产籽、产油和产值均居全国第三位，累计带动 30 万以上贫困人口稳定脱贫，油茶"双千计划"取得明显成效。②大力发展林下经济。因地制宜推广林果、林草、林菌、林药、林禽、林畜、林菜、林蜂等模式，助推片区农民收入持续增长。2016 年以来，35 个片区县建设林下经济示范基地 152 个，2020 年片区林下经济发展面积达 2 647 万亩，年产值达 345 亿元。③大力发展森林旅游。深入实施森林旅游"510"工程①，培育和创建森林康养基地，帮助贫困户兴办"森林人家"，从事土特产销售运输，发展与旅游相关的种植业、养殖业、手工业等。各地通过组建扶贫攻坚造林专业合作社，吸纳贫困人口参与生态建设等方式增加贫困农民劳务收入。2016 年以来，片区新增油茶、林下经济类农民专业合作社 300 多家。2019 年底片区林业专业合作社发展到 633 家，占全区林业专业合作社总数（1 713 家）的 37.0%。

四是生态就业扶贫效应显著。按照中央"生态补偿脱贫一批"的工作部署，2016 年以来，累计利用各级财政资金 13.49 亿元，其中中央财政生态护林员补助资金 13.13 亿元。2020 年底，在 35 个片区县建档立卡贫困人口中选聘续聘生态护林员 4.67 万名，管护森林、湿地、草地等资源面积 6 000 多万亩，使这些有劳动能力又因故无法外出打工的贫困人口实现了"山上就业""就近就业""在家门口脱贫"，户均年增收 8 000 元，实现了"聘用一人护林、带动一户脱贫"，带动和巩固 14 万名以上贫困人口脱贫，对相关县脱贫攻坚发挥了重要作用，实现了生态保护和脱贫攻坚"双赢"的目标。

五是现代特色林业示范区（园）带动效应大。2016 年以来，共指导片区县创建县级以上林业示范区 42 个，建设林业工业园区 6 个，示范带动片区林

---

① 广西新闻网. 广西林业生态旅游和森林康养年消费超 1 300 亿元[EB/OL].http://www.gx-news.com.cn/staticpages/20211227/newgx61c8ffa7-20590757.shtml.

业产业发展，助推贫困群众就业和增收。片区林业示范区（园）、工业园区共提供 4 000 个就业岗位，吸纳一批贫困人口就业。广西国控林业投资公司与百色市合作建设百色市深圳小镇林业产业脱贫奔康示范园，通过产业分红、劳动就业、承包经营、发展第三产业等方式巩固脱贫成果，项目总投资 2 亿元，规划建设面积 1.27 万亩，发展油茶 8 000 亩，建成后惠及 4 527 户贫困户，户均年增收 2 400 元以上。

六是林业科技作用明显。通过深入开展林业科技成果转移转化、林业科技扶贫示范点创建、林业科技特派员创业、乡土技术能手培养、林业优势产业壮大、林业科技服务水平提升六大专项行动，林业科技扶贫更加精准，技术定向推广、项目精准落地、专家精准对接，推动实现生态保护脱贫、产业特色脱贫和科技精准脱贫。具体措施：①建设林业科技示范项目。2016 年以来，安排资金 5 710 万元，在 35 个片区县实施林业推广示范项目 88 个，充分发挥林业科技示范作用，辐射带动周边地区林业产业发展。②积极推广林业实用技术。聚焦片区县产业发展和精准扶贫需求，2016 年以来累计选派林业科技特派员 564 名，占全区选派总人数的 58.9 %，深入片区开展技术服务 5 723 次，培训林农近 11 300 人次。在片区举办林业科普惠农增收、林业工作课堂活动 73 场，为 6 205 名林农及基层技术人员提供油茶、八角、板栗、澳洲坚果等高产栽培管理技术培训。

七是大力推进粤桂扶贫协作。充分利用粤桂扶贫协作资金与广西被帮扶县林业资源优势，积极争取广东帮扶市县资金支持，引导片区建设一批长期稳定增收的林业项目。如融水县与广东廉江扶贫协作木材加工标准厂房建设项目，总投资 4 464.5 万元，其中广东帮扶资金 3 989.7 万元，带动贫困户 169 户 442 名贫困人口增收脱贫。金秀县整合利用粤桂扶贫协作资金建设油茶育苗基地；罗城县统筹整合深圳福田区各类扶贫资金建设"千亩千户"红心猕猴桃示范园，并与广东圣丰集团有限公司签订框架协议，计划投资 5 亿元开发怀群剑江天门景区生态旅游扶贫项目等。

2.6.4 林业生态扶贫典型县

环江县与龙胜县或为九万大山主体或为其西北余脉，为典型的广西石漠化地区，是全国 14 个集中连片特困地区之一。

环江县秉持"绿水青山就是金山银山"的新发展理念，深入贯彻落实习近平生态文明思想，在"靠山吃山，靠水吃水"上做文章，大力发展植树造林、林下经济、林产品加工、森林旅游等生态绿色产业，严格实行生态林补偿、退耕还林等环保政策，全方位推动林业生态扶贫，帮助 4 万多毛南族贫困群众实现脱贫。2019 年底全县完成造林 12.7 万亩，投入项目资金 2 001 万元，贫困户享受资金 600 万元、技术指导 1 800 人次；林下经济达到 75 万亩的规模，建成林下经济示范点 25 个，林下产品加工、种养专业合作社 12 个；建成林产品加工企业 150 家，年木材加工产值 11.6 亿元，解决了 1 800 多个贫困人口的就业问题；牛角寨瀑布群景区、木论喀斯特生态旅游景区等森林旅游产业带动周边贫困户实现脱贫。2015 年以来，环江县森林生态效益补偿金达 10 976.76 万元，覆盖贫困户 9 263 户 32 428 人；聘请 1 405 名建档立卡贫困人口担任生态护林员，劳务报酬累计达 730 万元；退耕还林覆盖全县 12 个乡镇 148 个行政村、贫困户 2 185 户 9 729 人。2019 年底，环江县贫困发生率降至 1.48%，林业生态扶贫模式可以说发挥了至关重要的作用。

龙胜县为获得 "全球重要农业文化遗产" 称号且集山区、民族、贫困三位于一体的滇黔桂石漠化连片特困县，地形地貌复杂、耕地面积较小、自然灾害频发、地处偏僻且交通闭塞、经济基础较差且滞后，龙胜县扶贫脱贫攻坚任务艰巨。2015 年底，全县有 59 个贫困村，贫困人口达 29 415 人，贫困发生率为 18.7%。自 2016 年起，国家共财政转移支付 2.7 亿元资金支持龙胜县林业生态扶贫脱贫攻坚项目与产业。龙胜县精准落实各项林业生态扶贫脱贫政策，组织开展实施油茶 "双千" 计划、"千企扶千村" 等措施，创新林业生产经营模式，开办林业生态扶贫车间，聚焦林业产业发展与引导企业采取多种形式帮扶贫困群众。通过挖掘森林、村寨、梯田、水系 "四素同构" 的 "全球重要农业文化遗产" 发展生态文化旅游以及挖掘和弘扬龙脊梯田承载着的农耕生产技术和 "上刀山下火海" 红瑶歌舞与 "红瑶柱" 瑶民图腾等传统文化以及 "开耕节" 等壮、瑶民族节庆元素，不断丰富生态文化资源并为扶贫脱贫攻坚注入了新动能。为发挥生态资源优势在扶贫脱贫攻坚中的作用，龙胜县加快总面积为 1 803.4 公顷的龙胜温泉国家森林公园与总面积为 2 986.17 公顷的龙脊梯田国家湿地公园以及总里程为 513 千米的涵盖 10 个乡镇 69 个行政村的生态旅游扶贫开发大环线的规划与建设，其生态旅游覆盖贫困群众 30% 以上。精准并及时落实龙胜县国家级公益林生态管护面积 107.81 万亩，年均生态补偿金额 1 626 万元，涉及全县 1.3 万户农户，惠及贫困户 1 596 户 6 065 人；国家财政转移支付 713.4 万元，为龙胜县统一购买 306 万亩林地的政策性森林保险。2019 年，共选聘 2 352 名建档立卡贫困人口担任生态护林员，惠及贫困人口 8 232 人，生态护林员管护资金从 1 500 万元陡增到 2 700 万元。2016—2019 年，龙胜县完成人工造林 7.44 万亩、美化森林景观 3 000 亩，完成义务植树 152 万株、培育种苗 738 万株，对 43 个自然村屯实施了绿化、美化，完成农村有机垃圾户沼气池处理项目 2 个、有机垃圾户用处理池 200 座、建设 9 个项目涉及 11 个组约 259 盏太阳能路灯，龙胜县人居环境不断绿化、美化、亮化。在广西壮族自治区各级党委、政府与国家林业和草原局的共同指导与支持下，龙胜县坚持"生态立县、绿色崛起"与"生态、旅游、扶贫"三位一体的林业生态扶贫脱贫攻坚思路，立足国家温泉森林公园和千年龙脊梯田国家湿地公园等生态资源优势，多措并举、综合施策，2019 年底，全县贫困人口全部脱贫，形成了独具特色的林业生态扶贫脱贫攻坚"龙胜模式"。

3 林业生态扶贫政策接续方向

进入 2020 年以后，我国脱贫攻坚任务基本完成，正在深化实施乡村振兴战略。根据乡村振兴战略和《中共中央关于制定国民经济和社会发展第十四个五年规划和二〇三五年远景目标的建议》等文件精神要求，"十四五"时期是我国脱贫攻坚成果巩固拓展的关键时期，也是全面推进实施乡村振兴战略的重要时期。因此，需要重点加强产业、生态、人才、文化、组织、生活等方面的有效衔接，推动形成脱贫攻坚成果巩固拓展和乡村振兴战略互动互融的良性格局。

3.1 继续深化集体林权制度改革

深入贯彻《关于进一步巩固完善集体林权制度改革成果有关工作的通知》等有关文件精神，不断巩固完善集体林权制度改革成果，继续深化"三权分置"等集体林权制度改革，先行先试集体林权综合改革试验工作，落实集体林地承包关系稳定并长久不变政策，衔接落实好第二轮林业土地承包到期后再延长 30 年的政策。完善监督管理、信用管理、风险防控等林权流转制度，搭建政银企对接服务平台，创新林（草）权抵质押贷款及林（草）权收储担保融资方式与森林（草原）保险产品等林业金融产品；明确林（草）地流转中的权利边界及权利关系，探索森林（草原）生态效益横向补偿制度，建立森林（草原）生态效益补偿基金，完善集体林（草）权保护制度；加强林业经营主体发展的政策支持，建立新型职业林农、职业经理人培训机制，培育家庭林（草）场、股份合作林（草）场、专业合作社等新型林业经营主体；通过推进服务市场化、推行互联网林业服务等改革，完善林业社会化服务体系；探索森林（草原）精准化管理与现行制度下依据森林经营方案落实集体林地林木采伐审批制度，完善森林资源管护模式，创新公益林管理投入机制，推进重点区位公益林赎买改革，推进公益林资产化管理，形成完备的森林经营管理制度；引导林（草）业龙头企业与合作社、小农户建立利益联结关系，探索保底分红、股份合作、就业创业等方式，创新小农户和现代林业发展有机衔接机制；深化集体林（草）权股权化、社会资本投入林业模式改革，推进资源变资产、资金变股金、农民变股东；鼓励和支持各类市场主体创新发展基于数字经济的新型林业产业模式，创新集体林权发展模式以及探索林（草）新产业、新业态等各项林（草）权制度的深化改革，不断促进集体林（草）业焕发新的生机和活力。

3.2 产业衔接：推动"产业扶贫""产业脱贫"向"产业振兴"转变

牢固树立和践行"绿水青山就是金山银山"的理念，以满足市场需求为导向，以实施林业供给侧结构性改革为主线，加快推进木本粮油、特色经济林、林下经济、木材战略储备基地、花卉苗木培育、竹产业、森林旅游业、野生动植物繁育利用产业、沙产业、林产工业十大特色林业产业发展进程，积极发展特色林业产品加工与物流业，深入推进产业结构调整，推动林业产业发展由产地优势向产业优势转型、由数量扩张型向质量效益型转变，提高林业产业优质化、特色化、品牌化发展水平，促进林业产业竞争力不断提升。

3.2.1 推动特色富民产业发展

推进林业多种经营和非木质林产品开发利用，发展原料林、用材林基地，支持林下经济、特色经济林、木本油料、竹藤花卉等规范化生产基地建设。积极发展生态友好型劳动密集型的劳务组织化程度高和就业脱贫覆盖面广的林业产业。

（1）提升营造林质量。继续完善和实施退耕还林还草工程、京津风沙源治理工程、天然林资源保护工程、"三北"防护林体系建设工程、喀斯特地区石漠化综合治理工程、沙化土地封禁保护区建设工程、湿地保护与恢复工程、农牧交错带已垦草原综合治理工程等林业重大生态工程，科学合理地选择树种、品种及幼苗，全面使用良种壮苗造林，按照"就近生产、本地供应为主"原则，优先使用本地苗木造林。鼓励使用多年生容器苗、大苗造林。严格执行工序管理，加强种苗、林地清理、整地、栽植、抚育管护等重点环节监督，确保各环节技术措施精准到位，进一步提升造林质量与林木培育能力。加大造林、退化林修复和森林经营力度，不断提升森林质量。加强森林抚育质量管理，将新造林地纳入森林管护范围，管护责任落实到网格护林员，列入护林员巡护重点区域，确保实现成林目标。积极利用大数据互联网平台提升林业生产经营管理服务水平，逐步构建林产品网上质量追溯体系，以及森林资源监管、商务销售服务体系，拓宽林产品销售渠道。加强造林护林管理培训，大力扶持生态扶贫专业合作社（队）发展，优先安排新型经营主体参与项目实施，让脱贫贫困农户继续参与生态建设。

（2）继续推进木本油料产业发展。以各地自然资源禀赋、生态区位为基础，科学划定木本粮油重点基地、主产区和产业带，引导形成产业集聚和发展特色。鼓励广西石漠化地区结合新一轮以及以往退耕还林政策的商品林地通过林相改造等方式建设木本粮油基地。继续支持在贫困地区选择适宜油茶产业发展的县作为重点县，提高营林生产水平，加快低产油茶林改造，促进油茶产业提质增效。研究提升油茶产业经营组织化、种植规模化、生产标准化、管理专业化水平，建设一批高标准、高质量、高效益的油茶生产示范基地。开展油茶、核桃等木本油料产业技术培训，大力推广应用新品种新技术，不断创新培训方式和方法，提高木本油料产业效果。加强木本油料产业精深加工产业发展，开展木本油料产业新技术、新产品研发攻关，为高品质、高营养保健价值、食品安全和高经济价值的山茶油生产提供技术支持，开展油茶籽榨油后副产物油茶饼粕富含茶皂素效用研发，发挥其在发泡剂、洗涤剂、乳化剂、农药、医药等领域以及将茶籽果壳用于糠醛和木糖醇、活性炭、栲胶、碳酸钾等制作原料的作用。在林地、园地、退耕地营造木本粮油经济林的，允许修建必要的且符合国家有关部门规定和标准的生产道路、水电设施、生产资料库房和采集产品仓库。

（3）继续推进林下经济产业。根据各地森林资源状况和农民种养传统，以县为单位制定林下经济发展负面清单，合理确定林下经济发展的产业类别、规模以及利用强度。在不影响森林生态功能的前提下，鼓励利用各类适宜林地和退耕还林地等资源，因地制宜发展林下经济产业。推动落实公益林发展林下经济管理规定，允许利用二级国家公益林和地方公益林适当发展林下经济。结合退耕还林等林业重点工程实施以及开展自然保护区、森林公园、湿地公园、沙漠公园基础设施建设，基于当地森林资源情况，在保护好生态的前提下，充分利用林下空间，培育适地适树的林下经济品种，促进林果、林药、林苗、林花、林菌、林业、林禽、林畜、林蜂等林下养殖业向规模化、标准化方向发展，积极探索多种森林复合经营模式，有序发展林下种植业，规范发展林下产品采集、经营加工、森林游憩、森林康养等产业。高度重视与积极扶持对生态脆弱区域、少数民族聚居地区和边远地区发展林下经济，重点扶持一批省级林下经济龙头企业和林下经济专业合作组织，积极引导相对贫困户与返贫人口参与特色种养业发展，构建集约化、专业化、组织化、社会化相结合的林下经济新型生产经营体系。加快构建以数据快速采集、信息即时查询、认证管理和技术信息服务为主要功能的全国无公害林下经济产品信息管理体系。实施产业兴村强县行动，抓好林下产品品种、品质、品牌和标准化生产，推进一村一品、一县一业发展，确保每个林业重点县都有主导产业和龙头企业，每个贫困村都有致富产业，每个贫困户都有稳定的收入渠道。利用林地发展林下经济的，在不采伐林木、不影响树木生长、不造成污染的前提下，允许放置移动类设施、利用林间空地建设必要的生产管护设施、生产资料库房和采集产品临时储藏室，相关用地均可按直接为林业生产服务的设施用地管理，并办理相关手续。

（4）完善国家储备林体系建设。实施国家储备林项目建设是缓解木材供需矛盾、保障木材安全，而且通过农户流转林地和林木取得收益，通过参与国家储备林项目建设的除草、施肥等林木抚育工作取得劳动报酬，通过木材采伐、运输、生产加工等工作取得经营性收入。推进国家储备林建设，不仅可以精准提升我国森林质量，而且可以巩固脱贫成果和助推乡村振兴战略的实施，是促进"绿水青山"转变成"金山银山"的有效途径。因此，深入实施《国家储备林建设规划（2018—2035年）》，建立健全国家储备林管理体系，在水光热条件好、森林资源较为丰富、贫困集中连片区域，开展国家储备林基地项目建设，结合适地适树开展乡土珍稀树种经营，通过人工林集约栽培、现有林改培、间伐、抚育、施肥以及补植等措施，重点培育形成复层异龄林和混交林林分，建成优质高效多功能森林，不断提升国家木材储备能力。

（5）促进林业产业融合发展。依托特色各异的自然资源禀赋、农事景观、乡土文化和特色产品的森林生态优势，发展各具优势的特色观光旅游、生态旅游、森林康养、"森林人家"、自然教育等生态产业。推进木本粮油和林下经济与旅游、教育、文化、健康养老等产业深度融合，推进特色产业与教育、文化、健康养老等产业深度融合，构建林业一产与二、三产业交叉融合的现代林业产业体系，推动"互联网+"林业生态经济高质量发展，培育壮大林区新产业、新业态和新模式。依托现代特色林业示范区、特色林业生态产品优势区、绿色食品标准化生产基地以及美丽宜居示范村庄、示范点，推动生态休闲、观光采摘、农耕文化体验、健康养老、民宿美食、户外探险、民族风情等新产业新业态的深度融合发展，大力发展森林旅游休闲康养等绿色新兴产业，建设一批设施完备、功能多样的休闲观光园区、康养基地、森林村庄和"森林人家"。加强生态休闲、森林生态旅游业等基础设施建设，搭建在线森林生态旅游平台。积极探索林业信息化应用新机制、新模式，加大全国生态林业产业信息化示范基地和信息经济示范区建设。推动"智慧生态林业技术创新与应用"重大工程建设，加快生态林业数字化改造，打通数据链，重构供应链，提升价值链，加大推进物联网、云计算、大数据、移动互联网、数字化制造等信息技术在农业生产经营服务领域的集成、应用和示范力度。加快5G等新一代技术在林区的建设，积极构建林业物联网，推动互联网与特色生态林业深度融合，为数字林业林区发展打下坚实的物质基础，推动数字林业区发展。

（6）实施林产品加工业提升行动。统筹发展林产品就地加工、初级加工和精深加工，形成加工拉动生产、加工促进消费的格局，提升林产品加工业发展水平。以林下经济产品、木本油料、干鲜果品、茶叶、菌类等为重点，支持经营主体改善储藏、保鲜、烘干、清选分级、包装等设施装备条件。争取将特色林产品纳入农产品产地初加工补助政策范围。在优势区和关键物流节点，建设木质、非木质林产品精深加工示范园（区），加强新型非热加工、新型杀菌、高效分离、节能干燥、清洁生产等技术应用。推动科企对接、银企对接，引导合作社等新型经营主体发展应用保鲜、储藏、分级、包装等初加工设施，支持林产品特优区就地就近加工转化增值，建成一批对贫困户脱贫带动能力强的特色产品加工、服务基地，延伸产业链、提升价值链、完善利益链。

（7）加快发展林下经济果蔬及特色生态林产品冷链物流。全面构建"全链条、网络化、严标准、可追溯、新模式、高效率"的林副产品现代化冷链物流体系。加快各县（市、区）林下经济果蔬及特色生态林产品冷链物流中心等项目建设，完善冷链物流基础设施，健全乡镇冷链物流网络，提高各县（市、区）的冷库利用率。加快构建林下经济果蔬及特色生态林产品等重点产业全过程冷链体系，推动供货、运输、配送终端无缝衔接。加强林下经济果蔬及特色生态林产品冷链物流标准化、信息化建设，支持和鼓励企业开发冷链物流追溯系统。推进冷链物流模式创新，加快引进"盒马鲜生"等冷链龙头企业，发展"冷链配送+连锁零售"和"生鲜电商+冷链宅配"等新型业态模式，推进"互联网+"林下经济果蔬及特色生态林产品冷链物流建设。

（8）加强林产品品牌建设。将林产品品牌创建、培育工作与森林生态标志产品建设工程紧密结合，建立森林生态标志产品标准体系，开展森林生态标志产品认证，建设森林生态标志产品基地，制定品牌目录，重点做好品牌运营管理、宣传推广和品牌价值提升等工作，树立有影响、有口碑、有市场的

"森"级品牌体系。着力开发"独一份""特中特""好中优""错峰头"的特色林产品，把小品种开发成大产业。开展国家级名优新特林产品体系建设，与森林生态标志产品建设工程相结合，坚持更高标准、更具特色，成熟一个认定一个，认定一批产品，并建立退出机制，确保该体系真正发挥作用。结合林下经济果蔬及特色生态林产品优势区创建活动，推动每个优势区创建一个特色林产品区域公用品牌，集中连片建设品牌林产品生产基地。注重发挥林业龙头企业、林业专业合作社等新型林业经营主体在林产品品牌创建、培育、经营建设中的主体作用，发挥现代林业产业示范园区带动区域品牌建设的核心作用。大力引进行业知名企业，借助知名大企业的市场、品牌、资本、人才、技术优势，开发高端产品，占领行业高端，培育林产品以及特色经济林产品高端品牌。加大对品牌林下经济果蔬及特色生态林产品生产经营主体的培训和指导，增强其品牌创建意识，支持中介组织开展品牌申报创建咨询服务工作，搭建品牌创建工作平台。引导和组织第三方进行品牌目录征集、审核推荐、评价认定和培育保护活动。发挥知名品牌的扩散效应和产品聚合效应，以优势企业及名牌产品为核心，整合商标资源，提升知名品牌的美誉度和社会影响力。建立产品质量安全追溯和监控体系，严格落实生产者对产品质量的主体责任、产品标志审核机构对审核结果的连带责任。

（9）加强林产品营销流通体系建设。有条件的地方可探索采取政府股权投资、建立基金等方式，支持林下经济果蔬及特色生态林产品营销流通市场建设。鼓励具备产业优势的地方申办全国性、区域性展会，建立特色林产品展示交易中心。推广短链流通模式，推进产地市场、新型林业经营主体、加工企业与超市、社区、学校等消费端对接，建立林下经济果蔬及特色生态林产品直采直供机制。推动林下经济果蔬及特色生态林产品产地与大城市、大企业之间的产销稳定衔接机制。积极发展林下经济果蔬及特色生态林产品电子商务，创建电子商务孵化平台，发展林下经济果蔬及特色生态林产品网上交易，扩大网上交易规模。推动建立大型电商集团带动新型林业经营主体开展网络营销的机制。建立林下经济果蔬及特色生态林产品电商标准体系，推动林产品产地物流基础设施网络建设。基于广西石漠化地区林业生态产品生产与流通布局，加强林业生态产品物流冷链主干网建设规划，加快林业生态产品运输重要节点上的大型冷库仓储区域布局，建成一批林业生态产品智慧物流配送中心。

（10）促进林业产业区域统筹协调发展。根据区域资源禀赋、产业基础、市场条件，制定中国林业产业发展规划，统筹国内与国际、全国与区域协调发展，做好地区之间、行业之间的协调和衔接，科学引导各地林业产业发展，防止盲目攀比和重复建设，彻底改变"好的不多、多的不好"的问题。合理布局重大林业产业项目，实行分区分块分类经营，形成以优势产业和名牌产品为主体的产业带和产业集群，加强上下游产业的紧密联系。强化规划引领作用，整合和优化配置林业科技、财政、信贷、保险政策，引导技术、资本、人才等先进要素向优势区域聚集，提高产业政策的针对性和有效性。

（11）建立市场预警机制。不断充实完善林下经济果蔬及特色生态林产品市场监测预警体系，以主要林下经济果蔬及特色生态林产品市场价格、成交量监测为主线，紧紧围绕服务国家宏观决策和服务公众的目标，全面开展集贸市场、批发市场、国际市场动态跟踪监测，公布主要林下经济果蔬及特色生态林产品监测预警信息。健全林产品市场信息发布制度，提高市场透明度，发挥好信息引导生产与市场、服务农民的作用，促进林下经济果蔬及特色生态林产品市场健康运行。完善林下经济果蔬及特色生态林产品市场监测体系，建立中国林下经济果蔬及特色生态林产品市场分析专家委员会及专业专家委员会，召开林下经济果蔬及特色生态林产品市场状况季度会商会，及时研讨林业产业及林下经济果蔬及特色生态林产品市场运行情况。

3.2.2 鼓励向待发展地区转移产业与承接产业

坚持"绿水青山就是金山银山"理念，实施推动广西石漠化地区产业梯度承接产业转移区域政策，鼓励广西石漠化地区承接不污染环境、不破坏生态、不浪费资源、不搞低水平重复建设的生态林业产业。广西石漠化地区不仅资源禀赋各异且劳动力资源丰富，承接产业转移的空间巨大，需要加快林业全产业链承接产业转移。推动广西石漠化地区深度融入"一带一路"建设，积极承接家具制造等消费品加工业以及生物医药等新兴林业产业转移，在资源禀赋各异的地区全力打造全产业链产业转移示范园区以及区域合作和产业承接发展平台。继续推进东、西部扶贫协作和对口支援，推动东、西部地区之间生产要素有序流动，推动东部人才、资金、技术向贫困地区流动，以政府引导、企业协作、社会帮扶、人才交流、职业培训等多种形式加强东、西部地区扶贫协作，因地制宜发展特色生态林业产业，推动产业转型升级，变"输血"为"造血"，激发西部地区发展潜力，为广西石漠化地区自我发展创造条件，形成持续反贫困和促发展的有效机制，实现脱真贫、真脱贫，脱贫不返贫。中、西部地区要进一步优化营商环境，不断提升劳动力素质，实现扩大就业规模、优化就业结构、提升就业质量，为承接东部产业转移创造满足产业转移需求的人才条件，挖掘支持产业发展的资源优势。

3.2.3 发展壮大农村集体经济

基于乡村振兴战略以及新型城乡统筹发展政策，鼓励集体林权向农村集体经济组织流转，保障进城落户农户林地承包权、集体收益分配权。鼓励组建不同层级的农村新型集体经济组织，鼓励成立集体性质的公司，发展合作经济，发展集体经济联合体，支持集体经济组织创办农村服务实体，实现资源变资产、资金变股金、农民变股民"三变"改革的重要目标。全面建立村集体经济运行、监管和发展机制。以集体"三资"① 为主体，统一组织、统一规划、统一耕种、统一收储、统一购销，利用无劳动能力贫困户、长期外出务工农民、其他有意愿流转林地的农户发展林业产业，发展适度规模经营，提高农民抵御自然风险和市场风险的能力。积极落实农村集体经济发展专项资金，正确引导涉农资金向村集体经济发展项目适度倾斜；有效整合村集体、村民入股等资金，形成稳定的村集体经济收入来源。建立村"两委"以外的具有法人地位的股份制农村集体经济组织，建成农村集体经济组织内部现代化治理结构，以乡村集体林业经营性资产改革为重点，实施好集体统一经营的林地林木以及其他资产，均股均利，保障贫困户资产财产权和平等参与权，在保证贫困户增收前提下壮大集体林业经济。落实支持农村集体经济发展的财税减免优惠政策，对村集体所缴的土地使用税等税收实行税收地方留成部分全额返还。积极协调银行、信用社等金融机构，降低村集体经济发展项目融资门槛，加大支持村集体经济发展的贷款贴息力度，不断完善村集体经济组织和农业贷款风险补偿政策。

3.3 生态衔接：推动"生态扶贫"向"文化繁荣""文化振兴"转变

生态兴，则文明兴；生态衰，则文明衰。传承中华文明"天人合一"精髓，建设生态文明是关系人民福祉、关乎民族未来、实现中华民族永续发展的千年大计。因此，必须贯彻落实《关于加快推进生态文明建设的意见》《中共中央关于坚持和完善中国特色社会主义制度，推进国家治理体系和治理能力现代化若干重大问题的决定》等文件精神，必须践行"绿水青山就是金山银山"

---

① 农村集体"三资"，是指在集体所有制下，农村集体所有的货币资金、资产和资源。

理念，坚持节约生态资源和保护生态环境，强化对森林的敬畏意识，提升对森林的审美能力，完善独具特色的森林文化体系，有效提升文化软实力，推进乡村振兴建设。

3.3.1 实施乡村文化人才培养工程

不断发掘、整理和传承自然生态、历史文化、传统农耕文化与农耕技术、种养模式、生产工艺以及地域特色文化、地域风俗、民谚歌舞、美食名吃等文化遗产，扶持农村非物质文化遗产传承人、民间艺人收徒传艺，传承与发展优秀戏曲曲艺、少数民族文化、民间文化。加强农村基层文化队伍建设，培育和挖掘乡村文化人才，扶持发展农村广场舞、秧歌队、锣鼓队、自乐班（民族曲艺自娱自乐集体即为"自乐班"）、刺绣等民间艺术人才队伍建设。以镇村综合文化服务中心为依托，分层次、分类别开展农村文艺骨干培训辅导。组织文化志愿者深入农村开展文艺下乡，吸引更多乡村文艺达人参与活动。加强对非物质文化遗产传承人的培训和指导，鼓励其积极开展传承活动，培养后继人才。鼓励文艺工作者积极到深度贫困地区开展采风活动，指导农民进行以浓郁地方特色为主题的文艺创作，充分展示新时代乡村振兴风貌。

3.3.2 挖掘和弘扬生态文化

围绕各地建设各具特色《中华大典·林业典》林业思想与《中华大典·林业典·森林资源与生态分典》林业思想、森林植物文化、森林动物文化、动植物图腾与神话、山林游以及森林图腾文化，开展农耕文化未来馆、丝路田园综合体、打造美食节、摄影采风、农民丰收节、旅游节节庆活动。突出生态文化元素，注重民族文化记忆，规范民俗歌舞表演，以此不断传承文化记忆和繁荣乡村文化。把森林文化融入乡规民约，树典型、立标杆、带全面，不断推动"植绿护绿爱绿"意识融入家风家训、村风村貌，树立和倡导乡村文明新风，不断提升乡村生态道德教育水平。深度贫困地区一般集革命老区、民族地区、民族宗教、边疆地区于一体，需要以文化创意为手段，传承、挖掘与发扬优秀传统文化。以良好的森林生态环境和古村落、自然生态村落等为依托，以贫困村与贫困户为经营主体，建设融森林文化与民俗风情于一体，提供吃、住、游、购、娱等服务要素的生态友好型观光休闲"森林人家"集聚区。加强贫困地区公共文化服务体系建设，提高服务效能，积极推进公共数字文化建设。推进贫困地区建制村接通符合国家标准的互联网，努力消除"数字鸿沟"带来的差距。

3.4 生态衔接：推动"生态扶贫"向"生态宜居" "生态振兴"转变

坚持生态发展理念，全力推进绿化美化工程建设，营造干净、整洁、美丽、宜居的生活环境，改善生态宜居条件，完善乡村功能，提升乡村形象，实现村庄环境基本整洁有序，建设生态宜居美丽乡村，加快补齐农村人居环境突出短板，不断增强群众获得感、幸福感。

3.4.1 巩固和提升生态环境保护成效

继续完善和实施退耕还林、京津风沙源治理、天然林资源保护、喀斯特地区石漠化综合治理、湿地保护与恢复等林业重大生态工程，继续优先实施广西石漠化地区新一轮退耕还林工程，支持广西石漠化地区先行先试各类生态文明试点建设。加大自然保护区建设与管理力度，支持九万山国家级自然保护区、十万大山国家级自然保护区、邦亮长臂猿国家级自然保护区、雅长兰科植物国家级自然保护区、岑王老山国家级自然保护区、金钟山黑颈长尾雉国家级自然保护区、木论国家级自然保护区、崇左白头叶猴国家级自然保护区、弄岗国家级自然保护区等国家自然保护区独立或联合开展国家公园建设试点。由政府主导，推动建立流域下游政府、企业、村集体等不同主体参与流域上中游地区植树造林机制，探索东部及沿海地区政府、企业以及村集体通过租地造林、流转造林、合作造林、认建认养造林等模式支持深度贫困地区造林，拓宽东、西部帮扶的途径。探索先造后补、以奖代补、赎买租赁、贴息保险、以地换绿等多种方式，引导企业、集体、个人、社会组织等投资造林绿化。创新绿化管护制度、长效管养机制，提升脱贫户参与造林积极性和深度贫困地区绿化水平。调整优化生态重要区域的树种结构，加大对森林公园、湿地公园、自然保护区等自然保护地建设力度。

3.4.2 多样化措施建设宜居环境

推动实现乡村绿化、美化、亮化，农村人居环境显著改善。结合各具特色乡村修缮建设规划，因地制宜地抓好扶贫搬迁地与乡村村落的庭院绿化和街道绿化建设，持续建设秀美村庄、绿化乡镇街道、绿化休闲娱乐公园，构建覆盖全面、布局合理、结构优化的扶贫搬迁地与乡村村落绿化体系。围绕美丽乡村建设的科学内涵，将绿色发展理念结合各具特色乡村修缮建设规划，因地制宜地提出乡村庭院绿化和街道绿化措施，构建覆盖全面、布局合理、结构优化的乡村亮化、绿化、美化体系，建设独具特色的"一村一品、一村一景、一村一韵"的精品乡村和"一乡一特、一乡多景、一乡多味"的特色小镇。将"美丽庭院"创建、村庄绿化美化等有机结合，促进"外在美"向"内在美"、"一时美"向"持续美"转变接续推进。有序升级整体环境功能功效，着力建设青山常在、绿水长流、空气长新的美丽乡村，让广大群众望得见山、看得见水。结合村庄环境整治、水环境整治、文明城市创建等工作，逐步形成完善的健康卫生创建体系，努力打造和谐、自然的居住环境。

3.5 组织衔接：推动"组织扶贫"向"乡村高效治理"转变

贯彻落实中共中央办公厅、国务院办公厅印发的《关于加强和改进乡村治理的指导意见》文件精神，以民主选举、民主协商、民主决策、民主管理、民主监督为重点，不断健全党组织领导下的村民自治制度，完善共建、共治、共享的社会治理制度，发挥制度优势，提升治理效能，不断提高基层治理水平，坚持自治、法治、德治相结合，确保广西石漠化地区乡村林业治理走向多元互动、民主合作、社会和谐、秩序井然的社会治理体系，逐步实现广西石漠化地区治理体系和治理能力现代化。

不断完善集体林地"三权分置"制度，推动土地资源的规范使用；建立起市、县、乡、村四级林权流转管理服务平台体系，科学、规范、合理地流转林业产权；探索重点生态区位林地赎买制度，化解生态保护与林农利益的矛盾；深化国有林场改革，促进国有林场可持续发展。深化集体林地林木采伐审批改革，逐步实现依据森林经营方案确定采伐限额，改进林木采伐管理服务。建设林业基础数据库、资源监管体系、林权管理系统和林区综合公共服务平台。强化乡镇林业工作站公共服务职能，全面推行"一站式、全程代理"服务。发挥好行业组织在促进林业产业发展方面的作用。研究制定生态护林员管理条例，明确生态护林员工作职责，提高护林员森林管护效率，加大生态环境保护力度。健全集体林地经营纠纷调解处理工作制度，建立健全乡村调解、县市仲裁、司法保障的林权纠纷调解处理机制。努力提高调解处理集体林地经营纠纷的能力，建立律师、公证机构参与纠纷处理的工作机制，建立仲裁员、调解员培训工作制度。建立健全林业法律援助服务体系，开设林业法律救助绿色通道，依法依规向低收入家庭和贫困农户提供法律援助和司法救助。开展林业普法宣传，加大对深度贫困地区林业生产者与经营者的普法宣传教育。形成合作互动、共建共享、共谋共管的现代乡村林业治理组织体系。维护各类乡村治理主体的法人地位和权利，增强深度贫困地区林业治理的组织力量，扩大深度贫困地区林业治理的主体范围。

开展"林业道德模范""最美林业家庭""林业文明村镇"等评选活动，开展寻找最美乡村护林员、造林能手、生态保护者等活动，发挥乡贤林业道德感召力量，促进乡村林业社会和谐稳定，形成守望相助、崇德向善的文明乡风。将保护农村环境、古树名木和爱绿增绿等要求写入乡规民约，依托乡规民约褒扬善行义举、贬斥失德失范，推进乡村移风易俗，育成新风尚。开展林业创业创新"带头人"宣传工作，从新型职业农民、农村实用人才、技术能手、大学生"村官"等群体中，挖掘并宣传一批有思想、有文化、懂经营、善管理、敢闯敢干、敢为人先、勤于耕耘的农民创业创新典型。

3.6 生活衔接：推动"不愁吃穿"向"全面发展"转变

夯实兜底保障制度基础，做好最低"生态+脱贫"生活保障工作，将符合条件的生活仍然困难的老年人、未成年人、重度残疾人和重病患者都纳入低保或特困救助的政策范围；持续推进产业扶贫和就业扶贫，继续开展生态护林员选聘工作，建立多种形式的利益联结机制，防止群体性返贫致贫，增强贫困群众获得感、幸福感和安全感，确保高质量全面巩固脱贫攻坚战成果。

3.6.1 继续开展生态护林员选聘工作

积极落实《国家林业局办公室、财政部办公厅、国务院扶贫办行政人事司关于开展建档立卡贫困人口生态护林员选聘工作的通知》（林规发〔2016〕171号）、《国家林业局办公室关于加强建档立卡贫困人口生态护林员管理工作的通知》（办规字〔2017〕123号）、《国家林业局计财司关于规范建档立卡贫困人口生态护林员续聘选聘工作的通知》（规山函〔2017〕245号）、《国家林业局办公室、财政部办公厅、国务院扶贫办综合司关于开展2017年度建档立卡贫困人口生态护林员选聘工作的通知》（林规发〔2017〕107号）、《国家林业和草原局办公室、财政部办公厅、国务院扶贫办综合司关于开展2018年度建档立卡贫困人口生态护林员选聘工作的通知》（办规字〔2018〕130号）等文件精神，继续组织好生态护林员选聘，积极开展重点生态功能区等公益林、湿地、沙化土地等资源管护工作。完善生态护林员制度，支持政府提供更多生态公益性岗位，吸纳更多贫困户参与生态建设。各地可以结合实际情况统筹考虑上一年度选聘的生态护林员管护补助标准（每人年均1万元测算）、管护面积（原则上人均管护面积不能低于500亩）、管护难度和现有生态护林员劳务补助水平等因素确定年度具体补助标准，完善动态管理工作，加强监督与管理。乡镇人民政府统一管理并加强选聘与护林工作考核，乡镇林业工作站协助管理。此外，可以将生活在生态脆弱地区的返贫户转为生态保护人员、护林员等，实现生态就业致富。

3.6.2 继续做好"生态+脱贫"最低生活保障工作

不断完善广西石漠化地区居民的最低生活保障制度，对失去劳动就业能力的家庭实行政策性保障兜底。完善广西石漠化地区医疗保障体系，提升居民享有基本医疗卫生服务保障水平，防止因病致贫、因病返贫。继续加大待发展地区生态工程建设力度，优先安排低收入群体参与生态项目建设。组织落实扶贫项目，积极引导社会资金参与经济薄弱村、低收入农户的产业发展支持计划；参与整合涉农资金，帮助、指导脱贫户与返贫户发展林下经济、木本油料、特色经济林等林业产业。继续推进挂钩帮扶工作，确保实施的林业产业帮扶项目能够长期发挥作用、受帮扶对象能够明显增强自我发展能力。创新产业扶贫机制，鼓励深度贫困地区林业龙头企业、林业专业合作社吸收周边贫困户参与林业生产经营活动，提升周边林农的利益联结关系，增强贫困地区林农群众自身"造血"功能。鼓励林业龙头企业、林业经济合作组织以及东部沿海发达地区到深度贫困地区兴办企业，发展特色种植养殖产业等，鼓励优先让贫困人口就近就业，并助推贫困户自身发展林业产业。大力实施生态效益直补政策扶贫工程，支持农村中小型公益性基础设施建设，增加贫困人口财政性收入。加大以工代赈投入力度，鼓励返贫或低收入群体参与以工代赈公益性岗位，使其更好地融入社会。

3.6.3 建立多种形式的利益联结机制

在互惠互利基础上，以合理收购价格，采用保底价收购、利润返还、建立风险基金等多种经营方式，引导龙头企业与林农、家庭林场、林业专业合作社等新兴林业经营主体公平公正地签订林产品购销合同，形成稳定的广西石漠化地区林产品购销关系。积极培育以广西 13 家国有林场等林业龙头企业为核心、其他林业经济合作组织为纽带、林业专业合作社和林业专业大户为基础的林业产业化联合体，鼓励为贫困户提供生产、供销、金融、技术、信息、品牌等服务。大力推行订单生产，鼓励龙头企业与农民、专业合作组织建立长期稳定购销关系。推广公司带基地、基地连贫困户的经营形式，以入股分红、利润返还、贷款担保、林地流转等方式形成紧密的利益共同体，农户合理分享林业发展收益。建立林业企业以及事业单位联农带农激励机制，引导林业企事业单位为贫困户提供林地林木代管、统一经营作业、订单林业等专业化服务，提升农户林地经营效益。将利益联结工作与林业一二三产业融合、林业扶贫等工作相结合，推动全产业链提质增效，拓展企业与贫困户之间利益联结与利益共享空间。鼓励开展以林地资产为基础，采取"保底收益+按股分红"等多种形式，让农民分享到林业生产经营各环节的收益。

4 林业生态扶贫脱贫政策对广西石漠化地区农户家庭收入及发展的贡献度评价

进入 2020 年以后，广西已经全面完成了扶贫脱贫攻坚任务。在完成脱贫攻坚任务后，继续巩固脱贫成果，将脱贫与实现乡村振兴进行有效衔接，不仅仅是我国针对目前发展形势的预判，也是促进"两个一百年"奋斗目标加快实现的重要保障。为了提升广西石漠化地区乡村振兴战略的推进效率，需要更加全面地了解林业生态扶贫脱贫对广西石漠化地区发展的贡献程度。

4.1 数据来源

本研究数据与资料来源主要包含两个部分：一是农户调研数据，二是广西中西部各市县填报数据。

首先，设计调查问卷。本次关于 2020 年以后林业生态扶贫接续政策研究调查问卷设计总体包含三个部分。第一部分是卷首语，主要是向问卷调查参与者介绍本项目的基本情况，打消问卷调查参与者的顾虑，使其放心填写，同时对后续调查问卷填写中的注意事项进行说明，主要是单选题、多选题；第二部分是问卷的主体部分，主要是对样本特征、林业生态扶贫脱贫成果巩固、乡村振兴政策接续评价指标筛选、评价指标接续程度、相关评价、建议六个部分进行调查；第三部分是问卷的结束语，对问卷调查参与者表示感谢，并对问卷设计中的问题进行反馈，以便于后续完善。

其次，进行问卷网络调查与实地调查。项目组在 2020 年 11 月，在"问卷星"上进行本次研究的预调查，通过预调查对问卷进行调整，确定最终的调查问卷。2020 年 11 月 20 日到 2021 年 1 月 20 日进行最终调研。本次问卷调查通过以下两个途径搜集调研数据：一是通过国家林业和草原局经济发展研究中心扶贫处和广西财经学院下发问卷的形式进行问卷调研；二是项目组通过实地调研的方式进行问卷调查。

最后，进行问卷有效性整理。本次"问卷星"网络调查是有偿调研，因此在问卷调查的过程中经过两次问卷完整性与有效性检查。第一次是农户做完问卷后，系统会初步对农户问卷填写情况进行简单审核，主要审核是否有选题漏回答，是否有选项填写范围超出了设定的范围，是否第一次填写等。第二次则是由项目组成员对问卷的填写情况进行审核，主要对填写的雷同性、错误性进行对比审核，审核通过后农户才能收到问卷调查的最终报酬。若存在上述问题则该问卷作废。

4.2　林业生态扶贫脱贫政策对农户家庭收入的影响

党的十八大以来，习近平总书记先后在脱贫扶贫重点地区主持召开以"两不愁、三保障"为主题的座谈会，并发表了关于打赢扶贫脱贫攻坚战的重要讲话。2020 年是实现脱贫攻坚的关键之年。在人类的历史上，消除绝对贫困对于实现中华民族伟大复兴"中国梦"具有非常重要的意义，在反贫史上也意义重大。我国目前的扶贫方式是"三位一体"，即产业扶贫、生态扶贫、易地搬迁扶贫。本节主要分析这几项政策对农户家庭总收入的影响。

4.2.1　理论与检验假设

在上面介绍的多种扶贫方式里，产业扶贫的重点任务是促进贫困户增收，是贫困户实现有效脱贫的根本所在。在产业扶贫政策对于促进贫困户增收的研究中，较多学者针对其政策实施效果做出了有效评估。比如巫林洁等[1]通过调研江西省的贫困户得到的数据，系统地研究了产业扶贫对于提高贫困户收入的影响。结果表明，产业扶贫确实可以使贫困户增加部分收入，但是实施的效果不甚明显。刘明月等[2]研究产业扶贫资金的运行机制与效果。研究结果表明，

---

①　巫林洁，刘滨，唐云平. 产业扶贫对贫困户收入的影响：基于江西省 1 047 户数据［J］. 调研世界，2019（10）：16-20.

②　刘明月，陈菲菲，汪三贵，等. 产业扶贫基金的运行机制与效果［J］. 中国软科学，2019（7）：25-34.

产业扶贫资金能提高当地贫困户的收入。蔡进等[1]则通过两个地区贫困户与非贫困户的对比调研数据来研究扶贫政策对贫困户收入增长的影响。研究结果表明，扶贫政策的实施对于贫困人口个人及家庭的收入增长均具有显著的正向影响。杨龙等[2]研究发现，通过农业产业扶贫可以有效提高贫困户的收入。Croes等[3]研究发现，旅游产业的发展可以有效增加贫困家庭的各类收入。郑瑞强等[4]研究了产业扶贫投资对于扶贫资金减贫效率的影响。吴国琴[5]基于郝堂村旅游产业发展进行分析，研究发现，旅游产业发展的要素不足将会导致扶贫效果差。综上所述，我们提出待检验假设 H1：林业生态产业扶贫政策对农户家庭收入产生正向影响，但是受到家庭户主特征、家庭人数与家庭林业资源禀赋的影响。

提升贫困人口的自我发展能力是提高收入、解决贫困问题的关键所在[6]，而就业培训可以有效提升贫困人口的自我发展能力。目前关于林业就业培训对贫困人口收入的影响，已有一些学者进行了研究：罗明忠等[7]基于河南省 3 278份农户问卷调查数据，发现贫困户参加就业培训对农户相对贫困有显著负向影响，可有效提高贫困户收入水平；李晓梦等[8]认为对从事林业种植的建档立卡贫困户进行林业实用技术培训，可以有效促进贫困户增收；熊雪等[9]以 2015年云南、贵州和陕西三省六县的 1 259 户农民为研究对象，评估了贫困县农户

① 蔡进，禹洋春，邱继勤. 国家精准扶贫政策对贫困户脱贫增收的效果评价：基于双重差分模型的检验 [J]. 人文地理，2019，34（2）：90-96.

② 杨龙，李宝仪，赵阳，等. 农业产业扶贫的多维贫困瞄准研究 [J]. 中国人口·资源与环境，2019，29（2）：134-144.

③ CROES R，RIVERA M. Tourism's potential to benefit the poor: A social accounting matrix model applied to Ecuador [J]. Tourism Economics, 2017, 23（1）: 29-48.

④ 郑瑞强，陈燕，张春美，等. 连片特困区财政扶贫资金配置效率测评与机制优化：以江西省罗霄山片区 18 个县（市、区）为分析样本 [J]. 华中农业大学学报（社会科学版），2016（5）：63-69，145.

⑤ 吴国琴. 贫困山区旅游产业扶贫及脱贫绩效评价：以郝堂村为例 [J]. 河南师范大学学报（哲学社会科学版），2017，44（4）：63-68.

⑥ 张彦，孙帅. 论构建"相对贫困"伦理关怀的可能性及其路径 [J]. 云南社会科学，2016（3）：7-13.

⑦ 罗明忠，唐超，吴小立. 培训参与有助于缓解农户相对贫困吗?：源自河南省 3 278 份农户问卷调查的实证分析 [J]. 华南师范大学学报（社会科学版），2020（6）：43-56，189-190.

⑧ 李晓梦，涂燕，王岩. 探索镇平县生态扶贫建设新路子 [J]. 现代园艺，2018（22）：219.

⑨ 熊雪，聂凤英，毕洁颖. 贫困地区农户培训的收入效应：以云南、贵州和陕西为例的实证研究 [J]. 农业技术经济，2017（6）：97-107.

培训的收入效应，研究发现培训可以有效提高贫困户的收入水平①；黄启学等认为林业就业培训可以帮助滇桂黔石漠化片区贫困农民实现可持续发展。综上所述，可以看出，林业就业培训对于贫困户收入的增加有显著的正向影响。因此，我们提出待检验假设 H2：林业就业培训可以有效促进贫困户增收，但是其效果有待时间检验。

选聘贫困人口走上公益性岗位，既可实现对森林资源的有效管护，又能帮助贫困人口实现脱贫。关于公益性岗位对贫困人口收入的影响，目前已有一些学者进行了研究。白先春等②基于 2016 年、2018 年末南京市栖霞区低收入农户两期面板数据来检验公益性岗位扶贫对贫困农户就业与人均收入的影响，研究结果表明公益性岗位扶贫政策在解决就业的同时，使人均可支配收入提高了11%。王建和等③对内蒙古自治区的研究发现，2016—2018 年，选聘生态护林员 8 000 人，助力 8 000 户贫困家庭脱贫；吴乐等④基于贵州省贫困县的调查，发现公益性岗位项目对贫困农户收入增加有显著的正向影响。左停等⑤以秦巴山区一个行动研究项目为例，发现基于"工作换福利"思想的公益性岗位扶贫，可以有效促进贫困个体收入增长。孙嘉璐⑥在对三江源国家公园精准扶贫模式的研究中发现，提供生态管护岗位给当地牧民，可以有效促进贫困人口收入增加。左停⑦研究认为，部分针对贫困人口的公益性岗位如生态护林员等能够帮助贫困人口脱贫。综上所述，可以看出，林业公益性岗位的成功设置，可以有效地促进贫困户增加收入。因此，我们提出待检验假设 H3：林业公益性岗位等就业扶持政策可以有效促进贫困户增收。

科技扶贫作为一种典型的开发式扶贫，对促进贫困地区农民增收、经济发

---

① 黄启学，凌经球. 滇桂黔石漠化片区贫困农民可持续生计优化策略探究 [J]. 西南民族大学学报（人文社科版），2015，36（5）：30-37.

② 白先春，宦颖洁. 公益岗位扶贫的对象特征及脱贫效果研究 [J]. 调研世界，2020（4）：17-23.

③ 王建和，滕思翰. 生态脱贫与资源管护双赢：内蒙古自治区生态护林员工作纪实 [J]. 内蒙古林业，2018（12）：6-8.

④ 吴乐，孔德帅，靳乐山. 生态补偿对不同收入农户扶贫效果研究 [J]. 农业技术经济，2018（5）：134-144.

⑤ 左停，王琳瑛，旷宗仁. 工作换福利与贫困社区治理：公益性岗位扶贫的双重效应：以秦巴山区一个行动研究项目为例 [J]. 贵州财经大学学报，2018（3）：85-92.

⑥ 孙嘉璐. 基于生态补偿的三江源国家公园精准扶贫模式研究 [J]. 青海环境，2018，28（1）：18-24.

⑦ 左停. 积极拓展公益岗位扶贫政策的思考 [J]. 中国国情国力，2017（11）：18-20.

展做出了巨大贡献，许多学者都对其进行了研究。郎亮明等[①]根据陕西省3个国家扶贫开发重点县748份微观农户调研数据进行研究，发现科技扶贫模式具有显著的减贫效应。丁珮琪等[②]利用陕西省916户建档立卡贫困农户的调查数据，研究了科技扶贫需求与政策供给的匹配程度对于增加贫困户收入的效果。结果表明：科技扶贫政策匹配度、民众对其满意度提高能够促进一般贫困户的收入增加。张朝辉等[③]以新疆南疆三地（州）为例，研究认为新疆林业科技扶贫是新疆干旱区消解生态贫困危局的重要举措。薛曜祖[④]根据山西省汾西县佃坪乡5个行政村400份农户的调研数据，测量科技扶贫政策的实施效果，结果发现科技扶贫的总效应显著为正，即科技扶贫对促进贫困户增收有正向作用。Chepchirchir等[⑤]对乌干达的研究表明，通过增加对技术传播的投资，可以有效提高乌干达小农的收入，促进贫困人群增收。Kassie等[⑥]基于对马拉维594个农户家庭2008年截面数据的分析，发现改进的农业技术对减缓贫困、提高农户收入具有显著的正向影响。综上所述，可以看出，通过加大林业科技扶贫力度，可以有效增加贫困人群的收入。因此，我们提出待检验假设H4：林业科技扶贫可以有效促进贫困户增收，但是不同的产业存在不一样的影响。

我国现存的贫困人口主要集中在生态脆弱的农村贫困地区，这些地区生态减贫任务非常艰巨，为此，国家实施了多项林业生态工程来促进减贫，许多学者都对其减贫效应进行了研究。潘丹等[⑦]基于2013年中国家庭收入调查数据，研究退耕还林工程对不同贫困程度农户收入的影响效应，结果发现退耕还林工

① 郎亮明，张彤，陆迁. 基于产业示范站的科技扶贫模式及其减贫效应 [J]. 西北农林科技大学学报（社会科学版），2020，20（1）：9-18.

② 丁珮琪，夏维力. 科技扶贫需求与政策供给匹配效果研究：来自商洛市的经验证据 [J]. 华东经济管理，2020，34（8）：95-104.

③ 张朝辉，耿玉德，王太祥. 基于AGIL模型的新疆干旱区林业精准扶贫路径研究 [J]. 林业经济，2018，40（10）：35-40.

④ 薛曜祖. 吕梁山集中连片特困地区科技扶贫的实施效果分析 [J]. 中国农业大学学报，2018，23（5）：218-224.

⑤ CHEPCHIRCHIR R T, MACHARIA I, MURAGE A W, et al. Impact Assessment of Push-pull Pest Management on Incomes, Productivity and Poverty Among Smallholder Households in Eastern Uganda [J]. Food Security, 2017, 9（6）：1-14.

⑥ KASSIE M, ASFAW S, SHIFERAW B A, MONYO E, SIAMBI M. Welfare effects of agricultural technology adoption: The case of improved groundnut varieties in rural Malawi [J]. Menale Kassie Berresaw, 2012, 10（41）：1114-1132.

⑦ 潘丹，陆雨，孔凡斌. 不同贫困程度农户退耕还林的收入效应 [J]. 林业科学，2020，56（8）：148-161.

程对不同贫困程度农户的收入均有正向影响。吴乐等[1]基于贵州省 3 个贫困县的实地调研数据，发现退耕还林项目对农户的收入水平产生了正向影响。王庶等[2]基于 2006—2010 年 592 个国家扶贫重点县的数据进行研究分析发现，退耕还林工程对贫困农户减贫效应显著。王立安等[3]基于甘肃南部武都区的调研数据，研究发现参与退耕还林项目可以有效增加贫困人口的人均纯收入。谢晨等[4]研究发现，林业重点工程现在大都布局在贫困地区，可以有效增加贫困山区人口的就业机会，进而提高贫困群众的收入水平，有效促进地区减贫脱贫。韩文洪[5]基于山区群众收入与林业产业发展之间关系研究发现，山区群众参与当地的林业建设，可以有效增加其收入。综上所述，可以看出，林业生态工程对于贫困户收入的增加有显著的正向影响。因此，我们提出待检验假设 H5：林业生态工程可以有效促进贫困户增收，但是在不同的林业工程上农户的参与程度存在差异性。

4.2.2 模型构建与变量选择

4.2.2.1 模型构建

为了评估广西林业生态扶贫政策实施效果，即对于促进贫困户家庭收入作用的大小，以及该作用是否显著，本研究构建如下线性回归模型：

$$TOT - \text{income} = \alpha_0 + \alpha_1 F - policy_i + \sum_{I=1}^{N} \beta_3 X_i + \mu_i \qquad (4-1)$$

在公式（4-1）中，$TOT - \text{income}$ 为第 i 个贫困户家庭总收入。$F - policy_i$ 为贫困户是否享受林业生态扶贫政策，如果 $F - policy_i$ 为 0，表示不享受该项林业生态扶贫政策；如果 $F - policy_i$ 为 1，则表示享受该项林业生态扶贫政策。X_i 为控制变量，μ_i 为随机误差项。

但是由于各地贫困户的基础特质不一样，或者村庄的贫困户生活水平不一样，我们无法进行很好的选择，所以运用该方法时存在选择性偏差问题。为了

---

① 吴乐, 孔德帅, 靳乐山. 生态补偿对不同收入农户扶贫效果研究 [J]. 农业技术经济, 2018 (5)：134-144.

② 王庶, 岳希明. 退耕还林、非农就业与农民增收：基于 21 省面板数据的双重差分分析 [J]. 经济研究, 2017, 52 (4)：106-119.

③ 王立安, 钟方雷, 王静, 等. 退耕还林工程对农户缓解贫困的影响分析：以甘肃南部武都区为例 [J]. 干旱区资源与环境, 2013, 27 (7)：78-84.

④ 谢晨, 谷振宾, 赵金成, 等. 我国林业重点工程社会经济效益监测十年回顾：成效、经验与展望 [J]. 林业经济, 2014, 37 (1)：10-21.

⑤ 韩文洪. 林业产业化建设与山区脱贫：云南省镇雄县杉树乡林业扶贫案例 [J]. 绿色中国, 2005 (4)：58-60.

解决上述问题，我们引入倾向得分匹配法。倾向得分匹配法的基本思想为：在参照组（未享受林业生态扶贫政策）的大样本中寻找与实验组（享受林业生态扶贫政策）的贫困户的基本特征相匹配的贫困户。这样就可以在参照组找到与实验组"尽可能相似"的贫困户。在本研究的分析中，我们采用最近邻匹配1：1匹配方法，用平均处理效应（ATT）来表示林业生态扶贫对实验组贫困户收入 Y 的净贡献。

$$ATT = E(Y^1_{i,t1} \mid D_i = 1) - E(Y^0_{i,t1} \mid D_i = 1) \tag{4-2}$$

在公式（4-2）中，$D_i = 1$ 代表贫困户 i 已经享受林业生态扶贫政策，并用 $D_j = 0$ 表示参照组贫困户 j 尚未享受林业生态扶贫政策。对实验组的农户 i，可以观测到 E $(Y_{1i,t1} \mid D_i = 1)$，但无法观测到 E $(Y_{0i,t1} \mid D_i = 1)$，这意味着该组数据存在着数据缺失。因此本研究通过计算倾向得分，在参照组中寻找能与实验组农户 i 相匹配的贫困户 j，用农户 j 在 t_1 期的期望收入 E $(Y_{0j,t1} \mid D_j = 0)$ 来替代缺失数据 E $(Y_{0i,t1} \mid D_i = 1)$。本研究采用 Logistic 回归方法估计倾向得分，由此可得公式（4-2）中的 E $(Y_{1i,t1} \mid D_i = 1)$ 和 E $(Y_{0i,t1} \mid D_i = 1)$ 分别如公式（4-3）和公式（4-4）所示。

$$E[Y^1_{i,t1} \mid D = 1] = \frac{1}{N} \sum_{i:\, Di = 1} (Y^1_{i,t1}) \tag{4-3}$$

$$E[Y^0_{i,t1} \mid D = 1] = \frac{1}{N} \sum_{i,\, Di = 1} (Y^0_{i,t1}) = \frac{1}{N} \sum_{i,\, Di = 1} \sum_{j,\, Dj = 0} w(i, j)(Y^0_{j,t0})$$

$$\tag{4-4}$$

在上式中，N 表示实验组个体数，适用于配对 (i, j) 的权重则用 w (i, j) 来表示，以此来反映这两类农户的差异，其计算方法如下：

$$w(i, j) = \frac{F[(P_j - P_i)/H]}{\sum_{k,\, Dk = 0} F[(P_k - P_i)/H]} \tag{4-5}$$

在上式中，H 表示指定带宽，F （·）表示核函数，P_i 则表示参与林业生态扶贫监测的贫困户 i 的倾向得分，P_j 和 P_k 可以分别代表在带宽内的第 j 个和第 k 个未享受林业生态扶贫政策的农户的倾向得分。相关表达式如下：

$$ATT = E(Y^1_{i,t1} \mid D_i = 1) - E(Y^0_{i,t1} \mid D_i = 1)$$

$$= \frac{1}{N} \sum_{i,\, Di = 1} \{ (Y^1_{i,t1}) - \sum_{j,\, Dj = 0} w(i, j)(Y^0_{j,t0}) \} \tag{4-6}$$

该方法可以有效缓解选择性偏误，但又不可避免地存在新的问题，即不可观测变量影响导致的估计偏差。

4.2.2.2 变量选择

（1）被解释变量：农户家庭总收入。本研究考察的是林业生态扶贫政策对于贫困户收入的影响，模型的被解释变量是农户家庭总收入，该总收入由家庭稳定的生态补偿收入、家庭获得的公益林补偿金额、家庭获得的其他补偿收入、商品林收入、经济林收入、林下经济收入、森林旅游收入、扶贫车间收入、外出务工收入和本地就业收入等组成。加总的明细化家庭各类收入能够避免微观调研中高收入群体参与意愿偏低的现象，即使参与也是多报支出而少报收入。同时，整体报告农户家庭收入也没有统一的标准，往往使得数据质量不高，后续研究中对家庭总收入这一变量取对数。具体见表4-1。

表4-1　被解释变量设定与描述性统计

被解释变量	平均值	标准差	最小值	最大值
总收入/元	60 730.16	52 686.1	8.4	560 500

（2）核心解释变量：林业生态扶贫政策。核心变量是林业生态扶贫政策是否实施。如果 $F-policy_i$ 为 0，表示不享受该项林业生态扶贫政策；如果 $F-policy_i$ 为 1，则表示享受该项林业生态扶贫政策。林业生态扶贫政策具体包含林业产业政策、林业培训政策、林业就业政策、林业科技政策和林业工程政策五项扶贫政策。具体见表4-2。

表4-2　核心解释变量设定与描述性统计

林业生态扶贫政策	赋值	样本数/户	均值	标准差	最小值	最大值
林业产业政策	0=否；1=是	1 134	0.906	0.292	0	1
林业培训政策	0=否；1=是	1 134	0.713	0.453	0	1
林业就业政策	0=否；1=是	1 134	0.948	0.222	0	1
林业科技政策	0=否；1=是	1 134	0.964	0.187	0	1
林业工程政策	0=否；1=是	1 134	0.955	0.207	0	1

（3）控制变量。模型控制了一系列可能会对贫困户收入产生影响的因素，如以下变量：①家庭户主的基本特征。户主对于家庭的经济决策起到了重要作用，有时候甚至起到了决定性的作用[①]，因此在进行评价过程中，我们把户主基本特征作为控制变量使用，具体包括户主性别、户主年龄、户主民族、户主

[①] 李绍平，李帆，董永庆. 集中连片特困地区减贫政策效应评估：基于 PSM-DID 方法的检验 [J]. 改革，2018（12）：142-155.

受教育程度等。家庭特征包括家庭总人口、家庭成员特征等相关数据①。②农户家庭致贫原因要素，包含义务教育学生数量、高中以上学生数量、因学致贫、因病致贫、因婚致贫、因缺技术致贫、因残致贫、因缺劳动力致贫等影响家庭收入的因素。③家庭林业资源禀赋特征，包括生态补偿林地面积、公益林林地面积、退耕还林面积、商品林面积等②。具体见表4-3。

表4-3　控制变量设定与描述性统计

定义	赋值及单位	样本/户	均值	标准差	最小值	最大值
户主性别	女=0；男=1	1 134	1.137	0.344	1 134	1.137
户主年龄	周岁	1 134	51.26	11.16	1 134	51.26
户主民族	汉族=1；其他民族=2	1 134	1.126	0.332	1 134	1.126
户主受教育程度	小学=1；初中=2；高中=3；大学及以上=4	1 134	1.692	0.709	1 134	1.692
家庭人口数量	人	1 134	3.930	1.614	1 134	3.930
家庭劳动力数量	人	1 134	2.079	1.130	1 134	2.079
外出务工人数	人	1 134	0.840	0.914	1 134	0.840
在家务农人数	人	1 134	1.369	0.872	1 134	1.369
义务教育学生数量	人	1 134	0.673	0.886	1 134	0.673
高中以上学生数量	人	1 134	0.520	0.726	1 134	0.520
因学致贫	否=0；是=1	1 134	0.137	0.344	1 134	0.137
因病致贫	否=0；是=1	1 134	0.312	0.464	1 134	0.312
因婚致贫	否=0；是=1	1 134	0.004 41	0.066 3	1 134	0.004 41
因缺技术致贫	否=0；是=1	1 134	0.125	0.331	1 134	0.125

①　胡联. 贫困地区农民专业合作社与贫困户收入增长：基于双重差分法的实证分析 [J]. 财经科学，2014 (12)：117-126.
②　郑家喜，江帆. 国家扶贫开发工作重点县政策：驱动增长、缩小差距，还是政策失灵：基于 PSM-DID 方法的研究 [J]. 经济问题探索，2016 (12)：43-52.

表4-3(续)

定义	赋值及单位	样本/户	均值	标准差	最小值	最大值
因残致贫	否=0；是=1	1 134	0.360	0.480	1 134	0.360
因缺劳动力致贫	否=0；是=1	1 134	0.161	0.368	1 134	0.161
生态补偿林地面积	亩	1 134	199.3	2 389	1 134	199.3
公益林林地面积	亩	1 134	107.9	825.5	1 134	107.9
退耕还林面积	亩	1 134	31.97	464.1	1 134	31.97
商品林面积	亩	1 134	54.03	877.0	1 134	54.03

4.2.3 回归结果验证与分析

4.2.3.1 基本回归结果

通过 Stata 软件的回归分析，我们得到表4-4的估计结果。从模型结果看，林业产业政策、林业培训政策、林业就业政策、林业科技政策以及林业生态扶贫政策这五类政策均对农户家庭收入具有显著的正向影响。

（1）林业产业政策。林业产业政策对农户家庭收入有正向影响，且在10%水平上显著。林业产业政策的实施有利于促进贫困地区林业产业的发展，通过发展产业促进经济的增长以及为贫困群众提供就业机会，从而共同促进农户家庭增收。在这一模型中，户主民族、家庭外出就业人数、受高等教育人数以及商品林面积对农户家庭收入呈正向影响，且在1%水平上显著；户主性别对农户家庭收入也呈正向影响，在5%水平上显著；家庭劳动力人数在10%水平上显著。

（2）林业培训政策。林业培训政策对农户家庭收入有正向影响，且在5%水平上显著。林业培训政策通过加强对贫困地区林农的培训，在培训中促使林农提高自身林业生产经营技能，有助于林农降低经营风险，增加收入。在这一模型中，户主民族、家庭外出就业人数、商品林面积对农户家庭收入呈正向影响，且在1%水平上显著；户主性别以及受高等教育人数对农户家庭收入也呈正向影响，在5%水平上显著；家庭在家务农人数在10%水平上显著。

（3）林业就业政策。林业就业政策对农户家庭收入无显著影响，可能是林业就业政策覆盖范围较小，仅有少数农户享受这一政策福利，因此林业就业政策对家庭收入没有显著影响。在这一模型中，户主民族、家庭外出就业人数、商品林面积对农户家庭收入呈正向影响，且在1%水平上显著；户主性别、受高等教育人数对农户家庭收入也呈正向影响，且在5%水平上显著。

（4）林业科技政策。林业科技政策对农户家庭收入没有显著影响，可能是调研地科技采纳率相对较低，没有达到明显的效果。在这一模型中，户主民族、家庭外出就业人数、商品林面积对农户家庭收入呈正向影响，且在1%水平上显著；户主性别、受高等教育人数对农户家庭收入也呈正向影响，且在5%水平上显著。

（5）林业生态工程政策。林业生态工程政策对农户家庭收入有正向影响，且在5%水平上显著。通过启动国家天然林保护工程、退耕还林工程、京津风沙源治理工程等林业生态工程的建设，农户获得了政府补贴，直接增加了家庭的收入。在这一模型中，户主民族、家庭外出就业人数、商品林面积对农户家庭收入呈正向影响，且在1%水平上显著；户主性别和受高等教育人数对农户家庭收入也呈正向影响，且在5%水平上显著。

以上分析参见表4-4。

表4-4　林业生态扶贫政策对农户家庭收入的影响

解释变量	模型（1）	模型（2）	模型（3）	模型（4）	模型（5）
林业产业政策	8 618.5* （1.73）				
林业培训政策		8 167.8** （2.50）			
林业就业政策			3 394.3 （0.52）		
林业科技政策				660.1 （−0.09）	
林业生态工程政策					16 276.6** （2.35）
户主性别	−9 813.7** （−2.31）	−10 433.8** （−2.47）	−10 225.8** （−2.41）	−10 378.6** （−2.45）	−9 865.7** （−2.33）
户主年龄	−163.5 （−1.16）	−142.3 （−1.01）	−156.7 （−1.11）	−159.3 （−1.13）	−161.1 （−1.15）
户主民族	15 898.4*** （3.37）	17 538.1*** （3.68）	15 800.6*** （3.35）	15 712.1*** （3.33）	15 684.1*** （3.33）
户主受教育程度	1 095.5 （0.49）	1 361.8 （0.61）	1 330.5 （0.60）	1 275.1 （0.57）	1 190.7 （0.53）

表4-4(续)

解释变量	模型（1）	模型（2）	模型（3）	模型（4）	模型（5）
家庭总人数	1 561.3 (1.12)	1 702.3 (1.23)	1 625.2 (1.17)	1 625.3 (1.17)	1 512.0 (1.09)
家庭劳动力 人数	3 283.6* (1.65)	2 839.5 (1.43)	3 070.5 (1.55)	3 068.2 (1.54)	3 120.9 (1.58)
家庭外出就业 人数	16 121.1*** (7.73)	16 695.3*** (8.02)	16 333.8*** (7.84)	16 346.9*** (7.84)	16 254.0*** (7.82)
家庭在家务农 人数	−3 002.3 (−1.60)	−3 219.1* (−1.72)	−2 801.5 (−1.50)	−2 817.3 (−1.51)	−2 821.4 (−1.51)
受初等教育 人数	1 859.3 (0.90)	1 518.7 (0.73)	1 756.9 (0.85)	1 722.4 (0.83)	2 001.2 (0.97)
受高等教育 人数	5 818.4*** (2.61)	5 349.5** (2.40)	5 651.0** (2.53)	5 671.9** (2.54)	5 574.7** (2.50)
是否因学致贫	−5 054.2 (−1.13)	−5 276.1 (−1.18)	−5 143.4 (−1.15)	−5 152.8 (−1.15)	−4 720.5 (−1.05)
是否因病致贫	−3 182.8 (−0.93)	−3 367.8 (−0.99)	−3 165.5 (−0.93)	−3 168.2 (−0.93)	−2 949.8 (−0.86)
是否因婚致贫	13 712.2 (0.63)	8 608.1 (0.40)	9 901.5 (0.46)	9 377.7 (0.43)	11 807.4 (0.55)
是否因残致贫	705.4 (0.16)	686.8 (0.15)	629.8 (0.14)	712.9 (0.16)	814.4 (0.18)
是否因缺技术 致贫	−346.0 (−0.10)	−1 214.2 (−0.37)	−456.0 (−0.14)	−366.9 (−0.11)	−165.5 (−0.05)
是否因缺劳动力 致贫	−6 114.0 (−1.51)	−5 560.4 (−1.37)	−6 198.8 (−1.52)	−6 361.4 (−1.57)	−5 906.0 (−1.46)
生态补偿林地 面积	−0.434 (−0.67)	−0.357 (−0.56)	−0.420 (−0.65)	−0.417 (−0.65)	−0.430 (−0.67)
公益林面积	2.221 (0.99)	1.931 (0.86)	2.260 (1.01)	2.272 (1.01)	2.255 (1.01)
退耕还林面积	−3.321 (−0.84)	−2.822 (−0.71)	−3.239 (−0.82)	−3.219 (−0.81)	−3.335 (−0.84)
商品林面积	5.913*** (3.34)	5.812*** (3.29)	5.951*** (3.36)	5.961*** (3.36)	5.944*** (3.36)
常数项	28 307.6** (2.01)	28 609.4** (2.10)	32 694.0** (2.17)	37 061.9** (2.38)	20 560.7 (1.38)
样本数量	1 134	1 134	1 134	1 134	1 134

注：括号里为标准差。*、**、***分别表示显著水平为10%、5%、1%。

4.2.3.2 稳健性检验：倾向匹配得分法

在本研究的实验中，样本选择的随机性可能无法保证，且这些样本可能是本来就要实施林业生态帮扶政策或者最适合实施林业生态扶贫政策的，所以会产生选择性偏差。本研究采用最近邻匹配1：1的比例来研究广西林业生态扶贫政策对贫困户家庭收入的影响。其中，"匹配前"指的是进行PSM配对之前的调研数据，"匹配后"指的是进行最近邻匹配1：1之后的样本数据。表4-5是PSM最近邻1：1匹配结果。由表4-5可知，对样本进行最近邻匹配1：1的倾向得分匹配后，林业产业政策、林业培训政策、林业就业政策、林业科技政策和林业工程政策五项扶贫政策的标准差的t值均比匹配前的t值要显著，由此说明倾向性匹配得分效果非常好。

表4-5 PSM最近邻1：1匹配结果

核心变量	统计量	对照组	控制组	差异值	标准差	T-stat
林业产业政策	Unmatched	61 687.373	51 542.743	10 144.631	5 345.982	1.90
	ATT	61 687.373	263 255.561	−1 568.188	9 033.394	−0.17
	ATU	51 542.743	58 937.963	7 395.220		
	ATE			−722.434		
林业培训政策	Unmatched	62 829.814	55 526.126	7 303.688	3 451.617	2.12
	ATT	62 829.814	55 581.576	7 248.238	4 298.308	1.69
	ATU	55 526.126	64 535.164	9 009.038		
	ATE			7 754.429		
林业就业政策	Unmatched	61 091.280	54 150.518	6 940.762	7 044.951	0.99
	ATT	61 091.280	63 771.735	−2 680.455	17 795.207	−0.15
	ATU	54 150.518	63 144.704	8 994.186		
	ATE			−2 073.044		
林业科技政策	Unmatched	60 939.730	63 141.014	−2 501.285	8 384.462	−0.30
	ATT	60 939.730	58 682.488	1 957.242	13 643.274	0.14
	ATU	63 141.014	65 890.423	2 749.406		
	ATE			1 985.883		
林业工程政策	Unmatched	61 706.737	39 992.356 1	21 714.381	7 524.948	2.89
	ATT	61 706.737	39 029.483	22 677.254	7 985.627	2.84
	ATU	39 992.356 1	58 677.228	18 684.872		
	ATE			22 497.703		

为了检验 PSM 匹配效果，本研究采用 Stata15 软件对匹配前的控制变量和匹配后的控制变量进行了偏差分析，以广西林业生态产业扶贫政策为例进行分析，其他四类不进行赘述。表 4-6 是林业生态产业扶贫政策的均衡检验。从表 4-6 中可以看到实验组和控制组在匹配前后的偏差程度一半的变量都从 1% 的显著水平变到不显著，可以发现匹配后的各个变量的偏差程度比匹配前相关变量的偏差程度要小很多。这表明该结果可以满足倾向得分匹配的基本要求，然后就可以从控制组中选取和实验组尽可能相似的样本进行分析，而且这两者之间的区别只在于是否实施了产业扶贫政策。匹配前的变量偏差的 LR 检验的卡方值是 19.49，匹配后的 LR 检验卡方值为 82.63，LR 检验由匹配前的高度显著变成匹配后的非常不显著，说明本研究的 PSM 匹配是非常成功的。这样的结果为后文得到林业产业扶贫政策对收入的真实影响奠定了良好的基础。

表 4-6　均衡检验表

核心变量	统计量	对照组	控制组	差异值	标准差	t-test		V（T）/ V（C）
						t	P>t	
户主性别	U	1.132	1.235	−26.7		−2.10	0.036	0.63*
	M	1.132	1.130	0.5	98.2	0.13	0.899	1.01
户主年龄	U	51.309	50.294	8.7		0.63	0.526	0.82*
	M	51.309	52.752	−12.3	−42.1	−3.09	0.002	1.10
户主民族	U	1.126	1.137	−3.4		−0.25	0.806	0.91
	M	1.126	1.073	15.5	−350.7	4.11	0.000	1.62*
户主受教育程度	U	1.695	1.628	10.1		0.67	0.505	1.27*
	M	1.695	1.668	4.1	59.2	0.96	0.335	1.31*
家庭总人数	U	3.938	3.764	10.7		0.75	0.454	0.99
	M	3.938	3.912	1.6	85.1	0.38	0.705	1.07
家庭劳动力人数	U	2.089	1.882	19.2		1.27	0.203	1.26*
	M	2.089	2.051	3.5	81.9	0.82	0.411	1.35*
家庭外出就业人数	U	0.849	0.667	20.4		1.39	0.165	1.12
	M	0.849	0.844	0.5	97.5	0.12	0.903	1.18*
家庭在家务农人数	U	1.372	1.314	6.8		0.47	0.641	1.09
	M	1.43	1.44	−1.0	92.3	−0.14	0.89	0.67*
受初等教育人数	U	0.663	0.882	−24.8		−1.73	0.084	1.00
	M	0.663	0.692	−3.3	86.7	−0.74	0.458	0.89

表4-6(续)

核心变量	统计量	对照组	控制组	差异值	标准差	t-test		V（T）/
						t	P>t	V（C）
受高等教育人数	U	0.525	0.412	16.6		1.09	0.275	1.31*
	M	0.525	0.497	4.1	75.2	0.95	0.343	1.26*
是否因学致贫	U	0.135	0.176	-11.4		-0.85	0.398	
	M	0.135	0.097	10.4	9.1	2.76	0.006	
是否因病致贫	U	0.311	0.333	-4.7		-0.33	0.739	
	M	0.311	0.299	2.7	43.7	0.63	0.529	
是否因婚致贫	U	0.004	0.020	-14.7		-1.68	0.094	
	M	0.004	0.001	2.6	82.6	1.34	0.179	
是否因残致贫	U	0.126	0.118	2.4		0.17	0.867	
	M	0.126	0.110	4.6	-92.1	1.10	0.272	
是否因缺技术致贫	U	0.358	0.392	-7.0		-0.49	0.622	
	M	0.358	0.375	-3.4	51.0	-0.80	0.422	
是否因缺劳动力致贫	U	0.157	0.254	-24.2		-1.86	0.063	
	M	0.157	0.178	-5.3	78.3	-1.32	0.186	
生态补偿林地面积	U	205.410	70.395	7.7		0.39	0.693	58.41*
	M	205.410	63.936	8.1	-4.8	1.89	0.059	66.11*
公益林面积	U	108.960	84.711	3.9		0.20	0.838	8.80*
	M	108.960	104.75	0.7	82.6	0.16	0.876	8.45*
退耕还林面积	U	33.383	2.062	9.3		0.47	0.638	10 417.16*
	M	33.383	2.032	9.3	-0.1	2.17	0.030	9 713.75*
商品林面积	U	55.815	16.104	6.2		0.32	0.752	123.13*
	M	55.815	22.196	5.3	15.3	1.23	0.220	110.35*
Sample	Ps R^2	LR chi2	p>chi2	MeanBias	MedBias	B	R	%Var
Unmatched	0.047	19.49	0.490	12.0	9.7	16.1	165.22*	64
Matched	0.028	82.63	0.000	5.2	4.1	10.8	2 255.54*	71

* 假如 B>25%，则 R 区间为 [0.5, 2]。

通过 PSM 匹配结果示例图 4-1 可以看出，处理组和控制组的匹配集中在 0.4 到 0.6 之间。从匹配前的实验组和控制组的核密度函数可以看出，共同支撑假设，即实验组和控制组中的核密度函数区别较大。因此，如果仅仅让控制组与实验组进行比较得出结果的话，会导致实验结果存在较大的误差。从匹配后的实验组和控制组的核密度函数图 4-2 可以看出，进行倾向得分匹配以后，控制组的核密度函数范围较之前的结果有了有效的调整，误差较小，两组的核密度函数较为接近，这样进行试验时才会有较好的试验结果。

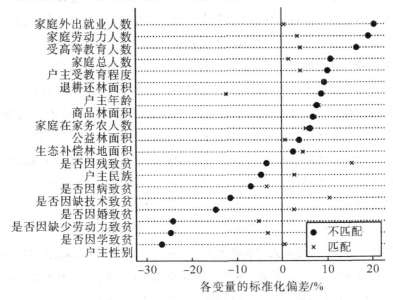

图 4-1   各变量的标准化偏差

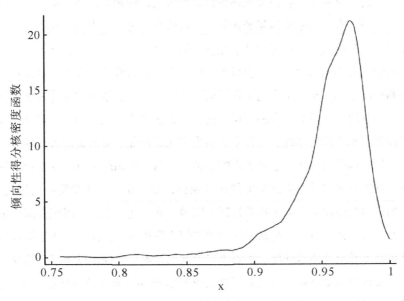

图 4-2   倾向性得分核密度

4.2.4 简要结论与对策建议

通过对广西 1 134 户贫困户数据的调研数据分析，研究发现：①五项林业生态扶贫政策中的三项都显著增加了农户家庭收入。林业产业政策对农户家庭收入有正向影响，且在10%水平上显著。林业产业政策的实施有利于促进地区林业产业的发展，可以为农民直接提供就业机会，带动当地经济增长，促进农户家庭增收。林业培训政策对农户家庭收入有正向影响，且在5%水平上显著。林业培训政策通过加强对贫困地区林农的培训，可使农户获得更多关于林业生产的信息，缓解生产经营中信息不对称的问题，有助于帮助林农降低经营风险，增加收入。林业生态工程政策对农户家庭收入有正向影响，且在5%水平上显著。通过启动国家天然林保护工程、退耕还林工程、京津风沙源治理工程等林业生态工程的建设，农户获得了政府补贴，直接增加了家庭收入。林业就业政策对农户家庭收入无显著影响，可能是林业就业政策覆盖范围较小，仅有少数农户享受这一政策福利，因此林业就业政策对农户家庭收入没有显著影响。林业科技政策对农户家庭收入没有显著影响，可能是调研地科技采纳率相对较低，没有达到明显的效果。②控制变量中，家庭外出就业人数、商品林面积、家庭劳动力人数对农户家庭收入也呈正向影响，这些与现实情况基本一致。

但在研究过程中，我们发现还是存在收入增加缓慢等问题。第一，贫困家庭特点不同。有的家庭成员年老体弱、疾病缠身，劳动能力弱，这些贫困家庭主要依靠财产性收入，即通过林业减贫政策来维持生活。第二，林业扶贫政策对工资性收入和经营性收入没有显著影响。产业扶持政策存在着对贫困户知识传授和技能培训不足等诸多内生性问题，贫困人口仅能依靠援助等外来方式获得收入。贫困人口没有相应的知识和技能，无法实现长效性脱贫。可见，人均财产性收入和人均转移性收入发生了很大变化，产业扶贫政策对人均财产性收入和人均转移性收入产生了显著影响。第三，森林生态减贫可持续发展机制不完善。贫困家庭对林业生态相关的扶贫项目认识不足，在接受帮扶的过程中，相关知识和技能缺乏，人才培养机制不完善。此外还存在没有组织贫困户参加农民专业合作社、没有动员新型经营单位带头发挥带动作用、集体组织可持续发展机制不健全等诸多问题。为解决以上问题，本研究提出以下三个建议：

一是鼓励新型林业经营主体特别是家庭农场和农业专业合作社发挥作用，促进贫困家庭发展，完善贫困家庭的组织化程度。二是吸引人才，加强林业科技咨询与指导，因地制宜地利用当地的自然资源发展林业并促进农户家庭增收。扶贫工作应注重知识和经验的转移与传授，提高贫困家庭的生活质量，培养更多了解和理解农民、农业、农村发展的人才，支持学生、退伍军人、企业家等来农村开创事业。三是建立集体组织利益联动机制。基于当地特定资源，延长当地产业链条，通过增加农产品附加值来发展各种形式的产业化。例如"农超对接"和"公司+合作社"等形式，将贫困家庭与消费者联系起来，从而增加贫困家庭的收入。

4.3 林业生态扶贫脱贫政策对广西石漠化地区发展的贡献度评价

科学评价政策效果是林业生态扶贫政策实施的基础，也是其可持续发展的重要基石。森林生态扶贫政策效果综合评价以提高森林生态扶贫政策对农民、农村、农业的实施效果为基础，旨在通过揭示林业生态扶贫政策的内在特征和实施效果，为科学指导林业产业发展、促进生态扶贫提供重要依据。本节首先基于文献分析、专家评价以及实际情况构建了林业生态扶贫政策实施效果的综合评价指标体系，然后通过建立模型进行实证分析，提取影响林业生态扶贫政策实施的关键驱动因子，根据实验结果有针对性地提出促进林业生态扶贫政策实施的后续建议。

4.3.1 评价指标体系构建

本部分主要通过两个方面来揭示林业生态扶贫政策实施的综合效应。首先，在指标初选阶段，根据文献对指标进行整理，结合专家打分法，大致选定指标。其次，确认评价指标。根据林业生态扶贫政策实施后的基本情况，结合指标作用和评价原则，建立指标体系。在选取指标时，尽量筛选出易于验证的指标，确保研究指标尽可能完整、统一并立足实际、切合实际。因此，指标必须客观、公正和可靠，这样计算得出的结果才更加可信。

4.3.1.1 初步筛选指标

首先，建立评价指标体系。此处，主要是基于已有文献分析研究林业生态扶贫政策的效果评价指标体系。我们在中国知网（CNKI）、万方等数据库以

"林业生态扶贫""效果""综合评价"为关键词来检索被引频次较高的文章，发现关于"林业生态扶贫政策综合效果"的评价指标研究较少，因此更换搜索关键词，以"扶贫""效果"为主要关键词来检索被引频次较高的文献，将两次检索结果相结合，再进行去重等筛选工作，总共筛选得到了 66 篇文献。接下来对文献中出现的指标进行频次统计分析。

其次，进行指标筛选。指标的筛选基于实际情况和林业生态扶贫政策实施的综合效果，因此我们基于本研究的主题，在指标选择中，针对"生态扶贫""乡村环境改善"，进行第一次筛选。第一次筛选的结果如图 4-3 所示。

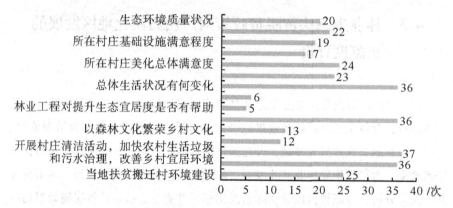

图 4-3 评价指标第一次筛选结果（文献频数统计）

最后，确定评价指标体系。我们基于评价指标的设立原则，再结合咨询专家的意见来进行指标的选取，基于 20 位来自林业系统、曾参与扶贫的专家讨论与投票结果，删除了"林业工程对提升生态宜居度是否有帮助""总体生活状况有何变化""当地扶贫搬迁村环境建设""乡村庭院绿化和街道绿化""开展村庄清洁活动、加快农村生活垃圾和污水治理，改善乡村宜居环境""森林文化融入乡规民约要求""以森林文化繁荣乡村文化""森林（草地）资源盗采情况"等指标，增加五种林业生态扶贫政策的满意度指标，初步构建评价指标体系。具体见图 4-4。

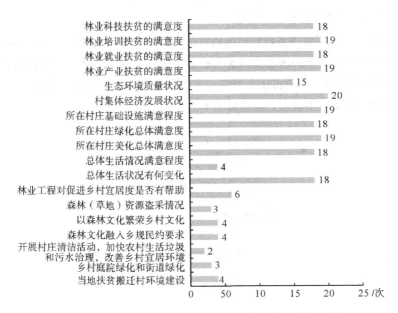

图4-4 评价指标第二次筛选结果（专家选择频数统计）

4.3.1.2 构建评价指标体系

由于需要避免指标过多造成的多重共线性问题，因此本研究结合研究主题，通过因子分析法来选取具有代表性的11个指标，全面反映林业生态扶贫政策实施的综合效果，构建指标体系，见表4-7。

表4-7 林业生态扶贫政策的综合效果评价指标体系

一级指标 （A）	二级指标 （B）	三级指标 （C）
林业生态扶贫政策综合效果评价指标体系	林业生态扶贫方式（B1）	林业工程扶贫的满意度（C1）
		林业产业扶贫的满意度（C2）
		林业就业扶贫的满意度（C3）
		林业培训扶贫的满意度（C4）
		林业科技扶贫的满意度（C5）
	农民生活状况（B2）	家庭生活情况满意程度（C6）
	村庄改善状况（B3）	村庄美化总体满意度（C7）
		村庄绿化总体满意度（C8）
		村庄基础设施满意程度（C9）
	村集体经济发展（B4）	村集体经济发展满意度（C10）
	生态环境状况（B5）	生态环境质量满意度（C10）

4.3.1.3 评价指标体系描述

（1）林业工程促进乡村宜居的满意度（C1）。在本次调研中，受访者对林业工程促进乡村宜居的满意度以非常满意为主，占比 67.30%；满意的占比也较高，为 29.48%；一般占比 2.98%；比较不满意占比非常低，为 0.24%；没有受访者表示非常不满意。具体见图 4-5。

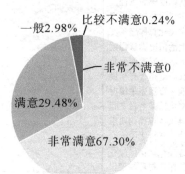

图 4-5　林业工程促进乡村宜居的满意度

（2）林业产业扶贫满意度（C2）。在本次调研中，受访者对林业产业扶贫满意情况以非常满意为主，占比 64.58%；满意的占比也较高，为 30.68%；一般占比 4.53%；比较不满意占比较低，为 0.12%；没有受访者表示非常不满意。具体见图 4-6。

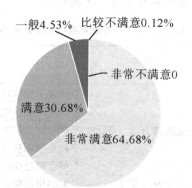

图 4-6　林业产业扶贫满意度

（3）林业就业扶贫满意度（C3）。在本次调研中，受访者对就业扶贫满意度以非常满意为主，占比 66.35%；满意的占比也较高，为 30.19%；一般占比 3.10%；比较不满意占比非常低，为 0.36%；没有受访者表示非常不满意。具体见图 4-7。

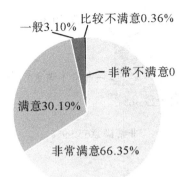

一般3.10%　比较不满意0.36%

非常不满意0

满意30.19%

非常满意66.35%

图 4-7　林业就业扶贫满意度

（4）林业就业培训满意度（C4）。在本次调研中，受访者对林业就业培训满意度以非常满意为主，占比 67.90%；满意的占比也较高，为 28.16%；一般占比 3.70%；比较不满意占比非常低，为 0.24%；没有受访者表示非常不满意。具体见图 4-8。

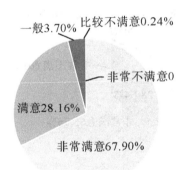

一般3.70%　比较不满意0.24%

非常不满意0

满意28.16%

非常满意67.90%

图 4-8　林业就业培训满意度

（5）林业科技扶贫满意度（C5）。在本次调研中，受访者对科技扶贫的满意度以非常满意为主，占比 65.99%；满意的占比也较高，为 29.36%；一般占比 4.18%；比较不满意和非常不满意占比非常低，分别为 0.36% 和 0.11%。具体见图 4-9。

一般4.18%　比较不满意0.36%

非常不满意0.11%

满意29.36%

非常满意65.99%

图4-9　林业科技扶贫满意度

（6）家庭总体生活情况满意度（C6）。在本次调研中，受访者对总体生活情况的满意度以非常满意为主，占比 65.75%；满意的占比也较高，为 28.64%；一般占比 5.13%；比较不满意和非常不满意占比非常低，分别为 0.36% 和 0.11%。具体见图 4-10。

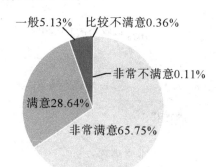

一般5.13%　比较不满意0.36%

非常不满意0.11%

满意28.64%

非常满意65.75%

图4-10　家庭总体生活情况满意度

（7）村庄美化总体满意度（C7）。在本次调研中，受访者对所在村庄美化总体的满意度以非常满意为主，占比 64.56%；满意的占比也较高，为 31.03%；一般占比 4.06%；比较不满意和非常不满意占比非常低，分别为 0.24% 和 0.11%。具体见图 4-11。

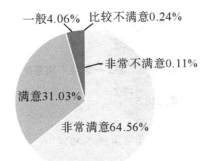

图 4-11　村庄美化总体满意度

（8）村庄绿化总体满意度（C8）。在本次调研中，受访者对所在村庄绿化的满意度以非常满意为主，占比 78.52%；满意的占比也较高，为 19.33%；一般占比 1.43%；不满意占比 0.60%；非常不满意占比很低，仅为 0.12%。具体见图 4-12。

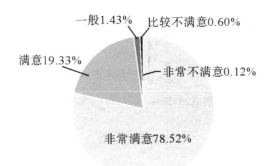

图 4-12　村庄绿化总体满意度

（9）村庄基础设施满意度（C9）。在本次调研中，受访者对所在村庄基础设施的满意度以非常满意为主，占比 65.39%；满意的占比也较高，为 28.52%；一般占比 5.97%；比较不满意占比非常低，为 0.12%；没有受访者表示非常不满意。具体见图 4-13。

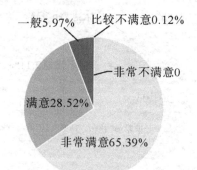

图4-13　村庄基础设施满意度

（10）村集体经济发展满意度（C10）。在本次调研中，受访者对村集体经济发展情况以非常满意为主，占比72.43%；满意的占比也较高，为24.22%；一般占比2.03%；不满意占比1.32%；没有受访者表示非常不满意。具体见图4-14。

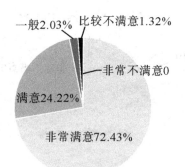

图4-14　村集体经济发展情况满意度

（11）生态环境质量满意度（C11）。在本次调研中，受访者对生态环境质量状况的满意度以非常满意为主，占比80.55%；满意的占比也较高，为18.38%；一般占比0.95%；不满意占比非常低，为0.12%；没有受访者表示非常不满意。具体见图4-15。

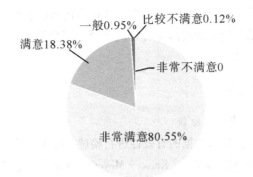

一般0.95% 比较不满意0.12%

满意18.38%

非常不满意0

非常满意80.55%

图 4-15 生态环境质量满意度

4.3.2 确定评价方法

基于前文对评价方法的对比分析，本研究选择了保留原有信息、客观赋权、简化指标、评价结果唯一、客观合理的因子分析方法对综合效果进行评价。因子分析法基于科学全面评价林业生态扶贫政策实施综合效果，提出了对应的政策建议。

在使用因子分析法构建因子分析模型的时候，假设每个原始变量都由共同因子（common factors）和唯一因子（unique factors）两部分组成。共同因子是用来解释变量间的相关关系，指的是各个原始变量中的共有因子。唯一因子是用来表示变量不能被共同解释的部分，指的是每个原始变量所特有的因子。通常用因子负荷（factor loadings）来表示原始变量与因子分析时抽出的共同因子之间的相关关系。因子分析常用的理论模式如下：

$Z_j = a_{j1}F_1 + a_{j2}F_2 + a_{j3}F_3 + \cdots + a_{jm}F_m + U_j (j = 1, 2, 3, \cdots, n, n$ 为原始变量总数)

其中，①Z_j 代表的是第 j 个变量的标准化分数；②F_i ($i = 1, 2, \cdots, m$) 代表的是共同因子；③m 代表的是所有变量共同因子的数目；④U_j 代表的是变量 Z_j 的唯一因子；⑤a_{ji} 代表的是因子负荷量。

如果用矩阵表示，可以写为 $Z = AF + U$。上面表达式中的 F 为因子，由于 F 出现在每个原始变量（X_j）的线性表达式中（模型中是以 F 线性来表示各个原始变量的标准化分数 Z_j），因此又称为公共因子。因子指的是高维空间中互相垂直的 m 个坐标轴，A 指的是因子载荷矩阵，$a_{ji} (j = 1, 2, 3, \cdots, n, i = 1, 2, 3, \cdots, m)$ 指的是因子载荷，表示第 j 个原始变量在第 i 个因子上的负荷。如果把变量 Z_j 看成 m 维因子空间中的一个向量，则 a_{ji} 表示 Z_j 在坐标轴 F_i

上的投影，即相当于多元线性回归模型中的标准化回归系数；U 表示的是特殊因子，指的是原始变量不能被因子解释的部分，其均值为 0，U 在多元线性回归模型中指的是残差。

4.3.3 评价过程

4.3.3.1 数据有效性检验

数据分析的前提是对数据的有效性进行检验。样本数据的有效性主要是通过相关系数矩阵检验、KMO（Kaiser‐Meyer‐Olkin）检验与巴特利特球度（Bartlette test of sphericity）检验，用这三种检验方式来分析数据是否有效。

1. 相关系数矩阵检验

相关系数可以决定变量间的相关性，如果二者间的相关系数小于 0.3，那么可以判定这二者之间的相关性过小而不适合使用因子分析法。如果大部分变量间的相关系数较大，那么意味着变量间的相关程度大，适合使用因子分析法进行分析。因此，我们对指标之间的相关系数进行计算，得到结果如表 4-8 所示。从表 4-8 中可以看出所有变量之间的相关系数均大于 0.3 且小于 1，大于 0.3 意味着指标之间的相关性较高，小于 1 则说明指标之间不存在完全相关关系。这符合因子分析的要求，因此可以使用因子分析法。

2. KMO 检验与巴特利特球度检验

首先对数据进行 KMO 检验，检验结果见表 4-9。我们计算得到的检验统计量为 0.948，而 KMO 的检验标准为：KMO 越接近 1 越适合做因子分析，KMO 越接近 0 越不适合做因子分析。本次数据为 0.948，表明非常适合做因子分析。

其次对该数据进行巴特利特球度检验。如果观测值偏小则不适合做因子分析。我们根据表 4-9 的检验结果计算得到的检验统计量的观测值为 8 833.446，该组数据的观察值比较大且给定的显著水平为 5% 时，相关结果显示 P 值为 0.000，与 1% 的显著水平相比偏小，因此拒绝原假设，本研究适合做因子分析。

表 4-8　相关系数

	林业工程扶贫满意度	林业产业扶贫满意度	林业就业扶贫满意度	林业培训扶贫满意度	林业科技扶贫满意度	家庭生活情况满意度	村庄美化总体满意度	村庄绿化总体满意度	村庄基础设施满意度	村集体经济发展满意度	生态环境质量满意度
林业工程扶贫满意度	1										
林业产业扶贫满意度	0.701***	1									
林业就业扶贫满意度	0.700***	0.728***	1								
林业培训扶贫满意度	0.750***	0.781***	0.731***	1							
林业科技扶贫满意度	0.788***	0.741***	0.763***	0.782***	1						
家庭生活情况满意度	0.777***	0.670***	0.722***	0.703***	0.716***	1					
村庄美化总体满意度	0.773***	0.640***	0.695***	0.690***	0.709***	0.809***	1				
村庄绿化总体满意度	0.614***	0.455***	0.500***	0.537***	0.562***	0.612***	0.688***	1			
村庄基础设施满意度	0.774***	0.676***	0.680***	0.692***	0.746***	0.772***	0.864***	0.656***	1		
村集体经济发展满意度	0.593***	0.511***	0.546***	0.578***	0.553***	0.626***	0.677***	0.648***	0.686***	1	
生态环境质量满意度	0.582***	0.497***	0.530***	0.558***	0.536***	0.636***	0.639***	0.686***	0.611***	0.679***	1

注：*、**、*** 分别表示显著水平为10%、5%、1%。

表4-9　KMO检验与巴特利特球度检验结果

Kaiser-Meyer-Olkin	检验统计量	0.948
Bartlett's 检验	巴特利特球度检验值	8 833.446
	自由度	55
	显著水平	0.000

4.3.3.2　因子模型估计

1. 相关矩阵的特征值、贡献率及累积贡献率

应用因子分析方法，首先要对相关系数矩阵 R 的特征根 $\lambda_1 > \lambda_2 > \cdots > \lambda_n$ 进行求解，计算结果（表4-10）显示：横坐标为因子个数，纵坐标为特征根，本次研究提取出一个因子，该因子的特征根值很高，对解释原有变量的贡献最大。

表4-10　特征值、贡献率和累积贡献率

成分	初始特征值			提取平方和载入		
	合计	方差的 %	累积 %	合计	方差的 %	累积 %
1	7.678	69.800	69.800	7.678	69.800	69.800
2	0.938	8.526	78.325			
3	0.445	4.047	82.373			
4	0.365	3.315	85.688			
5	0.326	2.960	88.648			
6	0.285	2.592	91.240			
7	0.252	2.293	93.533			
8	0.221	2.012	95.544			
9	0.199	1.805	97.350			
10	0.173	1.575	98.925			
11	0.118	1.075	100.000			

提取方法：主成分分析。

为了进一步验证应用主成分分析后提取 1 个因子是否恰当，我们根据结果做散点图。图4-16显示，因子荷载的指标归属较为明确，因此，选取 1 个因子的模式进行因子分析。

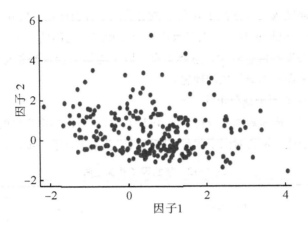

图4-16 因子分布散点图

通过表4-11可以得出结果：提取了一个因子，贡献率达到了69.800%（大于60%即大部分指标信息被提取），即公共因子解释了原有变量总方差的69.800%。这一结果显示这一个变量对原有变量的显示性较好，大部分指标信息均被提取出来，丢失的信息较少，对于原有数据信息的显示度也较好。

表4-11 共同度

统计指标	初始	提取
林业产业扶贫满意度	1.000	0.777
林业培训扶贫满意度	1.000	0.654
林业就业扶贫满意度	1.000	0.689
林业科技扶贫满意度	1.000	0.727
林业工程扶贫满意度	1.000	0.747
生活情况满意度	1.000	0.773
村庄美化满意度	1.000	0.800
村庄绿化满意度	1.000	0.565
村庄基础设施满意度	1.000	0.796
村集体经济满意度	1.000	0.589
村庄生态环境满意度	1.000	0.56

提取方法：主成分分析。

2. 初步分析因子载荷矩阵

首先，对因子进行共同度分析。变量 X_i 共同度刻画了因子全体对变量 X_i 信息解释的程度，它是评价变量 X_i 信息丢失程度的重要指标。如果大多数原有变量的共同度较高（如高于0.6），则表明因子分析的效果较好。

表4-11的共同度显示：大多数指标变量和因子之间的相关程度较高，表明这些变量丢失的信息较少。总体来看，因子能够充分反映指标包含的信息量，本次因子提取的效果比较理想。

3. 旋转后的因子载荷矩阵

通过对因子载荷矩阵的分析（表4-12），可以看出典型变量的作用不是十分突出，基于此，需要对因子载荷矩阵进行旋转来进行下一步的分析。

表4-12　初始因子载荷矩阵

统计指标	成分[a]
	1
林业产业扶贫满意度	0.881
林业培训扶贫满意度	0.809
林业就业扶贫满意度	0.830
林业科技扶贫满意度	0.853
林业工程扶贫满意度	0.864
生活情况满意度	0.879
村庄美化满意度	0.895
村庄绿化满意度	0.751
村庄基础设施满意度	0.892
村集体经济满意度	0.767
村庄生态环境满意度	0.750

提取方法：主成分分析。

a. 已提取了3个成分。

4. 旋转后的特征根、贡献率和累积贡献率

各个主因子的权重是利用旋转后得出的结果，以此来进行最后的因子得分计算。具体结果如表4-13所示：第一因子的特征值为7.678，贡献率为69.800%，累计贡献率为69.800%，说明该因子的解释能力相对来说比较强。

表 4-13 旋转后的因子特征值、贡献率及累积贡献率

成分	提取平方和载入			旋转平方和载入[a]
	合计	方差的百分数/%	累积百分数/%	合计
1	7.678	69.800	69.800	7.678

提取方法：主成分分析。

a. 使成分相关联后，便无法通过添加平方和载入来获得总方差。

4.3.4 评价结果分析

4.3.4.1 因子得分系数矩阵

表 4-14 是计算得到的因子得分系数矩阵。

表 4-14 极差极大化旋转后的因子载荷矩阵

统计指标	成分[a]
	1
林业产业扶贫满意度	0.115
林业培训扶贫满意度	0.105
林业就业扶贫满意度	0.108
林业科技扶贫满意度	0.111
林业工程扶贫满意度	0.113
生活情况满意度	0.115
村庄美化满意度	0.117
村庄绿化满意度	0.098
村庄基础设施满意度	0.116
村集体经济满意度	0.100
村庄生态环境满意度	0.098

提取方法：主成分分析。

a. 构成得分。

我们利用因子得分系数和原始变量的观测值计算各个农户林业生态扶贫政策综合效果的分数。在得到因子得分函数以后，我们采用因子加权总分的方法对广西林业生态扶贫政策的实施效果进行综合评价。在评价过程中，权重的确立是关键所在，一般采用专家打分法进行权重的确定。

4.3.4.2 效果综合评价

我们根据上述模型计算广西林业生态扶贫政策效果评价的 839 份农户调研数据中每户的林业生态扶贫效果，其中最大值为 3.52，趋近 4（4 = 效果不好），说明林业生态扶贫政策效果低于一般水平。最小值为 1.02，趋近 1（1 = 效果非常好），标准差为 0.48，说明样本的差别很大。

为了进一步对广西林业生态扶贫政策效果进行评价，我们对计算好的林业生态扶贫政策效果综合评价结果进行分类，见图 4-17。可见介于 1~2（非常满意~满意）之间的比例最高，占比 85.32%；其次是介于 2~3（满意~一般）之间，占比 13.84%；介于 3~4（一般~不满意）之间的占比 0.84%。

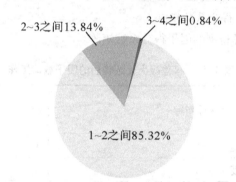

图 4-17 林业生态扶贫政策效果综合评价对比

为了了解农户整体林业生态扶贫政策综合效果，本研究采用加权平均的方法进行计算，权重为该组的频率。具体计算公式为

$$\bar{F} = \sum_{i=1}^{839} \varpi_i \times F_i$$

根据上述公式计算，最终农户整体林业生态扶贫政策综合效果值为 1.364 5，介于 1~2（非常满意~满意）之间，偏向 1，说明整体上来说农户对林业生态扶贫政策综合效果还是持肯定的态度。

本章主要是对林业生态扶贫对广西石漠化地区贡献效果进行综合评价。我们通过林业生态扶贫对广西石漠化地区贡献效果综合评价指标体系，对各种研究方法进行对比分析，最后找出适合林业生态扶贫对广西石漠化地区贡献效果综合评价的主成分分析方法，并对林业生态扶贫对广西石漠化地区贡献效果进行评价。结果显示：林业生态扶贫对广西石漠化地区贡献效果评价值为 1.364 5，介于非常满意与满意之间，说明林业生态扶贫效果较好，对广西石漠化地区农户家庭收入及发展的贡献很好地显现出来，受到了农户的认可。

5 林业生态扶贫政策与广西石漠化地区乡村振兴政策接续程度评价

本章对国务院及其相关部门发布的《农业农村部 国务院扶贫办 关于建立贫困户产业发展指导员制度的通知》《国务院办公厅关于支持贫困县开展统筹整合使用财政涉农资金试点的意见》《关于整合和统筹资金支持贫困地区油茶核桃等木本油料产业发展的指导意见》《生态扶贫工作方案》等文件以及天然林保护工程等13项重点林业生态工程对贫困地区乡村振兴的影响进行分析。

5.1 接续程度评价指标体系

5.1.1 指标体系构建原则

已有研究文献对林业生态扶贫与乡村振兴政策衔接程度进行研究的不多，部分研究涉及林业生态扶贫与乡村振兴链接的内容或"后扶贫时代"的衔接研究，但不同的研究者基于自己研究内容、知识背景、研究学科等不同，研究视角、研究方法与研究内容千差万别，得出的结论也不尽相同。为科学、合理、准确地评价林业生态扶贫与乡村振兴政策衔接程度，我们采用构建评价指标体系的方法进行本问题研究。我们在构造林业生态扶贫与乡村振兴政策衔接程度评价指标体系时，坚持与遵守以下原则：

（1）可行性原则。我们所选择的林业生态扶贫与乡村振兴政策衔接程度评价指标释义要简单明了，便于农户理解与掌握，评价指标在数量上能准确计算或便于农户根据拥有的各类知识与经验准确判断且能正确选择。我们所选择的评价指标要有较强的通用性和操作性，在不同地区（范围）皆可使用、评价。

（2）重要性原则。我们所选取的林业生态扶贫与乡村振兴政策衔接程度评价指标应凸显核心指标和中心指标，应坚持"从简""从重"的原则，应在准确反映林业生态扶贫与乡村振兴政策衔接程度信息的基础上，使评价指标数量与研究内容相符合，并具有典型性与代表性。因此，林业生态扶贫与乡村振兴政策衔接程度评价指标不宜过多。若评价指标过多，导致权重差别较小，据此对林业生态扶贫与乡村振兴政策衔接程度进行综合评价，难以突出核心指标、关键指标的作用，亦区分不出哪些是次要指标与辅助指标。

（3）可比性原则。目前，林业生态扶贫与乡村振兴政策衔接程度评价的评价方法尚不成熟，更多的还是集中于定性描述，如社会效果评价，不能进行区域间对比。为顺利进行林业生态扶贫与乡村振兴政策衔接程度评价，本研究借鉴企业效应的评价方法进行该评价，且在设置评价指标过程中注意其可操作性、可比性，评价指标数据要便于收集、整理、对比，具有较强的针对性，便于实际运用，并注意横向可比与纵向可比。

（4）互斥性原则。在选择评价指标时，必须要区别林业生态扶贫与乡村振兴政策衔接的原则、特点、宗旨及发展方向等与企业的相同点与不同点。从不同角度选择互斥评价指标，既要考虑其中实施乡村振兴战略评价指标，也要反映林业生态扶贫的评价指标，且相互之间不包含，使得信息相互独立。

5.1.2　指标体系构建方案

本研究通过文献检索，并初选指标后构建林业生态扶贫与乡村振兴的政策衔接程度评价的一级评价指标体系。再进行下一步筛选时，采用了重要性咨询法来进行筛选，得到最终评价指标，以此来形成二级评价指标体系。

5.1.2.1　指标初选基础

评价指标筛选可采用频度分析法、理论分析法和专家咨询法这三种方法来对指标体系进行调整。本研究在基于"中国知网"中以"乡村振兴"（27 153篇）、"林业生态扶贫"（666篇）、"乡村振兴+林业生态扶贫"（12篇）等为关键词进行检索后，对目前提出的有关乡村振兴与林业生态扶贫研究或相关研究指标体系进行频度统计，选取使用频率较高的指标；应用理论分析法对乡村振兴与林业生态扶贫的含义、特征、组成要素、主要问题等进行相关分析、比较、综合，选择重要且针对性强的指标；应用专家咨询法在初步构建的评价指标基础上，征询有关专家的意见，对指标进一步进行调整。经过对相关文献进行研究，我们发现既有评价指标体系构建不够完整、指标不够精准，且实用性不强，难以全面客观地反映乡村振兴背景下集体林权制度改革的整体水平。

5.1.2.2　初步建立指标

基于前人研究成果，梳理林业生态扶贫政策对实施乡村振兴战略的接续指标体系内容，需要从下面几个方面考虑：

一是林业产业体系。完善公共财政对林业投入的基本保障制度；引导金融支持乡村林业产业振兴；科学规划林业用地；大力发展贫困人口参与度高的特色富民产业（木本油料产业、特色经济林产业、林下经济和特色种养业、生态旅游业等）；提升林产品加工业发展水平；加快仓储保鲜冷链物流设施建设；加强营销流通体系建设；探索乡村林业产业发展风险保障机制等。

二是多样化绿化体系。构建政府主导并由企业、村集体、贫困户等不同主体参与造林的长效绿化管护体制机制（生态建设等）；结合各具特色乡村修缮的建设规划，构建全覆盖且布局合理的乡村亮化、绿化、美化体系；因地制宜地提出乡村庭院绿化和街道绿化措施（生态保护等）；开展村庄清洁活动、加快农村生活垃圾和污水治理等。

三是多元化生态文化。完善乡村生态文化管理制度；推动"植绿、护绿、爱绿"意识融入家风家训、村风村貌；构建乡村科技文化体系；培育新时代务林人、护林人；大力挖掘民风民俗，规范民俗歌舞表演，突出生态文化元素，注重民族文化记忆，把深度贫困地区乡村培育成为挖掘乡土文化、乡村习俗、乡村人才的重要载体，以此不断传承文化记忆和繁荣乡村文化等。

四是林业治理体系。健全林地"三权"分置运行机制；构建自治、法治、德治相结合的林业治理体系；优化驻村林业干部管理（基层党组织建设、实用技术成果推广、科技扶贫专家选派、乡土技术专家培育、科技服务平台建设等）；培育富有地方特色和时代精神的林业乡贤文化等。

五是社会保障体系。完善扶贫保障兜底体系；构建开发性社会保障体系：完善生态护林员选聘管理制度；培育和壮大具有匠人精神、创新意识和社会责任感的新型林业经营主体；完善多种形式的"益贫性"利益联结机制［扶贫造林（种草）专业合作社等］；实施生态效益直补政策扶贫工程（重点生态功能区转移支付、生态效益补偿补助、实施新一轮草原生态保护补助奖励、生态综合补偿试点等）；构建贫困人口以工代赈投入机制等。

我们在广泛搜集国内有关评价指标的基础上，根据评价指标的构建原则，针对 2020 年以后林业生态扶贫政策与实施乡村振兴战略政策接续等要求，征求了与该研究相关的部门管理者意见，初步选取了 50 个指标。具体见表 5-1。

表 5-1　2020 年以后的林业生态扶贫政策接续程度评价指标初选一览表

一级指标	二级指标	一级指标	二级指标
生态宜居 （8 个指标）	森林覆盖率	产业发展 （9 个指标）	涉林产业产值
	单位面积森林蓄积量		村民涉林人均年纯收入
	"四旁"绿化率		林业富民产业发展
	村庄绿化率		"森林+"等林业特色产业形成程度
	乡村生态保护与修复机制		深加工林产品比例
	推动农业发展绿色变革		林产品品牌建设
	林龄结构合理		林产品营销流通体系建设
	无重大林业破坏事件		林业产业统筹发展能力
乡村治理 （11 个指标）	"植绿护绿爱绿"法治宣传	文化建设 （9 个指标）	林产品市场预警机制建设
	符合国家林业法规要求的乡规民约制定与执行		"植绿护绿爱绿"等绿色文化宣教
	林权纠纷调解处理机制		绿色生态产业文化活动
	林业法律援助服务体系建设		古树名木保护行动
	林业合作组织建设法制化		涉林乡风民俗等优秀传统文化传承
	服务性、公益性、互助性农村社会组织培育进度		健全乡村公共文化服务体系
	"林业道德模范"等荣誉称号评选与宣传		文明素养等乡村文明新风尚培育与创新
	林业信用体系和诚信制度建设		培育新时代务林人员
	乡村治理有效性		森林生态环保机制建设
	林业治理良好性		美丽乡村建设推进进度
	治理系统建立		
增收途径 （6 个指标）	惠林政策落实度		拓宽收入渠道
	以林创业创新能力		利益联结机制构建
	林业经营水平培训		社会保障体系覆盖面

由于初选指标存在着指标过多不好计算、多重共线性等诸多问题，需要采用对指标进行选择或重组的方法来排除相关度密切的指标。通过对所选指标进

行相关性分析，我们得到一个44×44的相关系数矩阵。从Pearson简单相关系数的取值范围看，计算得到的各指标之间相关系数均小于0.5，这表明小于5%的指标之间有高相关度，超过95%的指标之间只有低相关度，这表明我们构建的指标体系是比较科学合理的，保证了最后评价结果的科学准确性。

5.1.2.3 指标重要性咨询

我们将预选指标制成按重要程度进行打分的咨询表，如表5-2所示，征求贫困地区林业扶贫干部与乡村振兴专员（省、市及其直接管理者）、林业经济专家、乡村振兴领域研究者等相关专家的意见，按照指标所反映的问题范畴进行归类和优化。再邀请上述专家与本项目专家对预选指标进行重要性判断，即依据专家对各个指标的重要程度判断，极重要、重要、一般、不重要、极不重要分别用5分至1分来评判，并针对实际情况提出修改意见和建议。

表5-2 2020年以后林业生态扶贫政策接续程度评价指标体系专家咨询表

评价指标	重要程度				
森林覆盖率	5	4	3	2	1
单位面积森林蓄积量	5	4	3	2	1
"四旁"绿化率	5	4	3	2	1
村庄绿化率	5	4	3	2	1
乡村生态保护与修复机制	5	4	3	2	1
推动农业发展绿色变革	5	4	3	2	1
林龄结构合理	5	4	3	2	1
无重大林业破坏事件	5	4	3	2	1
"植绿护绿爱绿"法治宣传	5	4	3	2	1
符合国家林业法规要求的乡规民约制定与执行	5	4	3	2	1
林权纠纷调解处理机制	5	4	3	2	1
林业法律援助服务体系建设	5	4	3	2	1
林业合作组织建设法制化	5	4	3	2	1
服务性、公益性、互助性农村社会组织培育进度	5	4	3	2	1
"林业道德模范"等荣誉称号评选与宣传	5	4	3	2	1
林业信用体系和诚信制度建设	5	4	3	2	1
乡村治理有效性	5	4	3	2	1
林业治理良好性	5	4	3	2	1
治理系统建立	5	4	3	2	1

表5-2(续)

评价指标	重要程度				
涉林产业产值	5	4	3	2	1
村民涉林人均年纯收入	5	4	3	2	1
林业富民产业发展	5	4	3	2	1
"森林+"等林业特色产业形成程度	5	4	3	2	1
深加工林产品比例	5	4	3	2	1
林产品品牌建设	5	4	3	2	1
林产品营销流通体系建设	5	4	3	2	1
林业产业统筹发展能力	5	4	3	2	1
林产品市场预警机制建设	5	4	3	2	1
"植绿护绿爱绿"等绿色 文化宣教	5	4	3	2	1
绿色生态产业文化活动	5	4	3	2	1
古树名木保护行动	5	4	3	2	1
涉林乡风民俗等优秀传统 文化传承	5	4	3	2	1
健全乡村公共文化服务体系	5	4	3	2	1
文明素养等乡村文明新风尚培育与创新	5	4	3	2	1
培育新时代务林人员	5	4	3	2	1
森林生态环保机制建设	5	4	3	2	1
美丽乡村建设推进进度	5	4	3	2	1
惠林政策落实度	5	4	3	2	1
以林创业创新能力	5	4	3	2	1
林业经营水平培训	5	4	3	2	1
拓宽收入渠道	5	4	3	2	1
利益联结机制构建	5	4	3	2	1
"生态+脱贫"推进进度	5	4	3	2	1
社会保障体系覆盖面	5	4	3	2	1

　　我们对专家选择情况进行统计分析后，经过讨论、论证形成由 40 个指标构成的林业生态扶贫与乡村振兴政策衔接程度评价指标体系。

5.1.3 评价指标体系框架

林业生态扶贫政策与实施乡村振兴战略衔接程度评价指标体系包括产业发展、生态宜居、文化建设、乡村治理与增收途径 5 个一级指标，以及涉林林业总产值等 40 个二级指标。具体见表 5-3。

产业发展是从林业产业发展视角看待乡村振兴程度。产业发展是乡村振兴的关键，包括涉林产业产值、村民涉林人均年纯收入、林业富民产业发展、"森林+"等林业特色产业形成程度、深加工林产品比例、林产品品牌建设、林产品营销流通体系建设、林业产业统筹发展能力、林产品市场预警机制建设 9 个二级指标。产业发展程度越高，集体林区乡村振兴的程度也就越高。

生态宜居是从集体林区生态环境角度反映乡村振兴的程度，是乡村振兴的关键指标，包括森林覆盖率（宜林荒山绿化率）、单位面积森林蓄积量、"四旁"绿化率、村庄绿化率、乡村生态保护与修复机制、推动农业发展绿色变革、林龄结构合理和无重大林业破坏事件 8 个二级指标。生态宜居条件越好，集体林区乡村振兴的程度越高。

文化建设是从集体林区软实力角度看乡村振兴，是乡村振兴的一个重要抓手，包括"植绿护绿爱绿"等绿色文化宣教、绿色生态产业文化活动、古树名木保护行动、涉林乡风民俗等优秀传统文化传承、健全乡村公共文化服务体系、文明素养等乡村文明新风尚培育与创新、培育新时代务林人员、森林生态环保机制建设和美丽乡村建设推进进度 9 个二级指标。文化建设程度越高，集体林区乡村振兴的程度也就越高。

乡村治理是从集体林区乡村治理角度看乡村振兴，包括"植绿护绿爱绿"法治宣传，符合国家林业法规要求的乡规民约制定与执行，林权纠纷调解处理机制，林业法律援助服务体系建设，林业合作组织建设法制化，服务性、公益性、互助性农村社会组织培育进度，"林业道德模范"等荣誉称号评选与宣传，林业信用体系和诚信制度建设 8 个二级指标。乡村治理程度越高，集体林区乡村振兴的程度也就越高。

增收途径是乡村振兴的最终目标，包括惠林政策落实度、以林创业创新能力、林业经营水平培训、拓宽收入渠道、利益联结机制构建和社会保障体系覆盖面 6 个二级指标。

表 5-3　2020 年以后林业生态扶贫政策接续程度评价指标体系

总指标	一级指标	二级指标
林业生态扶贫政策与实施乡村振兴战略衔接程度评价指标	产业发展	涉林产业产值
		村民涉林人均年纯收入
		林业富民产业发展
		"森林+"等林业特色产业形成程度
		深加工林产品比例
		林产品品牌建设
		林产品营销流通体系建设
		林业产业统筹发展能力
		林产品市场预警机制建设
	生态宜居	森林覆盖率（宜林荒山绿化率）
		单位面积森林蓄积量
		"四旁"绿化率
		村庄绿化率
		乡村生态保护与修复机制
		推动农业发展绿色变革
		林龄结构合理
		无重大林业破坏事件
	文化建设	"植绿护绿爱绿"等绿色文化宣教
		绿色生态产业文化活动
		古树名木保护行动
		涉林乡风民俗等优秀传统文化传承
		健全乡村公共文化服务体系
		文明素养等乡村文明新风尚培育与创新
		培育新时代务林人员
		森林生态环保机制建设
		美丽乡村建设推进进度

表5-3(续)

总指标	一级指标	二级指标
林业生态扶贫政策与实施乡村振兴战略衔接程度评价指标	乡村治理	"植绿护绿爱绿"法治宣传
		符合国家林业法规要求的乡规民约制定与执行
		林权纠纷调解处理机制
		林业法律援助服务体系建设
		林业合作组织建设法制化
		服务性、公益性、互助性农村社会组织培育进度
		"林业道德模范"等荣誉称号评选与宣传
		林业信用体系和诚信制度建设
	增收途径	惠林政策落实度
		以林创业创新能力
		林业经营水平培训
		拓宽收入渠道
		利益联结机制构建
		社会保障体系覆盖面

5.2 评价指标权重确定

5.2.1 指标量化方法

林业生态扶贫政策与实施乡村振兴战略衔接程度评价,需要考虑指标的相对重要性,需要用权重或者是权系数来衡量其相对重要性。在评价问题的处理中,指标权重确定是其关键环节,指标权重是否科学合理关系到评价结果的准确性。现阶段,关于指标权重的确定方法主要可分为两类,分别是主观赋权法和客观赋权法。主观赋权法是从主观层面出发,指的是通过决策者经验或者主观偏好给出的属性权重,比如层次分析法(AHP)、德尔菲法(Delphi)与最小平方法等,其中层次分析法是最常用的方法。客观赋权法是从客观层面出发,指的是通过建立数学模型来计算权重系数,比如因子分析法、主成分分析法、多目标规划法与熵权法等①。

根据本次研究对象的特点，我们采用层次分析法对"2020 年以后林业生态扶贫政策接续程度评价"进行指标体系的构建。首先，通过该方法对研究对象和研究目标进行细分，然后采用综合法来确定要统计的具体指标；其次，基于理论分析法与专家评价法筛出冗余指标，按照指标体系框架对指标重新归类，得到项目研究的评价指标体系。

层次分析法最早在 20 世纪 70 年代中期由美国运筹学家托马斯·塞蒂提出。因为该方法可以将定性与定量相结合，有利于更系统化、层次化地解决问题，在处理评价问题时较为实用，因此在世界范围内被广泛应用。其计算过程是②：

第一，筛选关键性评价指标并根据指标之间的制约关系构建多层次指标体系。本研究根据 2020 年以后林业生态扶贫政策接续程度评价目标以及不同指标体系中指标的属性，将该评价指标体系分为三个层次，第一层是目标层（O），第二层是准则层（A），第三层是指标层（B），基于此构成阶梯层次的结构模型。该模型中位于同一层次内的各个因子相互独立，并且可以起到承上启下的作用，即指标受到上层因素的影响，并且可以影响下一层的因素。具体见表 5-4。

表 5-4　2020 年以后林业生态扶贫政策接续程度评价层次结构模型

总指标	编号	一级指标	编号	二级指标
林业生态扶贫与广西石漠化地区乡村振兴政策衔接评价指标（O）	A1	产业发展	B1	涉林产业产值
			B2	村民涉林人均年纯收入
			B3	林业富民产业发展
			B4	"森林+"等林业特色产业形成程度
			B5	深加工林产品比例
			B6	林产品品牌建设
			B7	林产品营销流通体系建设
			B8	林业产业统筹发展能力
			B9	林产品市场预警机制建设

---

① 米锋，黄莉莉，孙丰军. 北京鹫峰国家森林公园生态安全评价 [J]. 林业科学，2010，46（11）：52-58.

② 林文树，周沫，吴金卓. 基于 SWOT-AHP 的黑龙江省林下经济发展战略分析 [J]. 森林工程，2014（30）：172-177，181；彭一然. 中国生态文明建设评价指标体系构建与发展策略研究 [D]. 北京：对外经济贸易大学，2016.

表5-4(续)

总指标	编号	一级指标	编号	二级指标
林业生态扶贫与广西石漠化地区乡村振兴政策衔接评价指标（O）	A2	生态宜居	B10	森林覆盖率（宜林荒山绿化率）
			B11	单位面积森林蓄积量
			B12	"四旁"绿化率
			B13	村庄绿化率
			B14	乡村生态保护与修复机制
			B15	推动农业发展绿色变革
			B16	林龄结构合理
			B17	无重大林业破坏事件
	A3	文化建设	B18	"植绿护绿爱绿"等绿色文化宣教
			B19	绿色生态产业文化活动
			B20	古树名木保护行动
			B21	涉林乡风民俗等优秀传统文化传承
			B22	健全乡村公共文化服务体系
			B23	文明素养等乡村文明新风尚培育与创新
			B24	培育新时代务林人员
			B25	森林生态环保机制建设
			B26	美丽乡村建设推进进度
	A4	乡村治理	B27	"植绿护绿爱绿"法治宣传
			B28	符合国家林业法规要求的乡规民约制定与执行
			B29	林权纠纷调解处理机制
			B30	林业法律援助服务体系建设
			B31	林业合作组织建设法制化
			B32	服务性、公益性、互助性农村社会组织培育进度
			B33	"林业道德模范"等荣誉称号评选与宣传
			B34	林业信用体系和诚信制度建设

表5-4(续)

总指标	编号	一级指标	编号	二级指标
林业生态扶贫与广西石漠化地区乡村振兴政策衔接评价指标（O）	A5	增收途径	B35	惠林政策落实度
			B36	以林创业创新能力
			B37	林业经营水平培训
			B38	拓宽收入渠道
			B39	利益联结机制构建
			B40	社会保障体系覆盖面

第二，层次分析法最核心的部分是构建判断矩阵，判断矩阵的构建是基于 A 层中元素 A_k 与下层 P 中元素 $P1$，$P2$，$\cdots$，Pn 之间有联系，那么需要将 P 中元素进行两两比较，构成如下所示矩阵：

A_k $P1$ $P2$ ... Pn

$P1$ $P11$ $P12$ ... $P1n$

$P2$ $P21$ $P22$ ... $P2n$

...   .

Pn $Pn1$ $Pn2$ ... Pnn

判断矩阵中的元素值代表对各个因素相对重要性的认识，传统的层次分析法使用1~9标度法，即取1~9以及它们的倒数。该方式标度差别较大，无法满足指标多的复杂问题的指标赋权。基于此，学者对传统方法进行了改进，改进后的标度法见表5-5。从表5-5中可以看出，对非数量性指标、非数量与数量性指标混合的情况，最好是使用10/10~18/2标度法来进行指标权重的赋值。该方法可以使得判断矩阵的最大特征值最小、一致性小，故得到的权重精度是最好的。其次是使用9/9~9/1标度法，1~9标度法是最差的。

表5-5 不同 AHP 标度法

9/9~9/1 标度	10/10~18/2 标度	指数标度	1~9 标度	重要程度
9/9	10/10	9^0	1	同等重要
9/7	12/8	$9^{1/9}$	3	稍微重要

表5-5(续)

9/9~9/1 标度	10/10~18/2 标度	指数标度	1~9 标度	重要程度
9/5	14/6	$9^{3/9}$	5	明显重要
9/3	16/4	$9^{6/9}$	7	强烈重要
9/1	18/2	$9^{9/9}$	9	极端重要
9/(10-k)	(9+k)/(11-k)	$9^{1/k}$	k	通用表达方式
$k \in [1, 9]$	$k \in [1, 9]$	$k \in [0, 9]$	$k \in [1, 9]$	k 的取值

判断矩阵具有以下性质:

（1）$p_{ij} > 0$;

（2）$p_{ji} = 1/p_{ij}$;

（3）$p_{ii} = 1$;

（4）$p_{ij} = p_{ik}/p_{jk}$。

第三，邀请多名相关专家按照 1~9 标度法进行重要性比较，而后转化为 10/10~18/2 标度法来填写判断矩阵。

第四，层次单排序和一致性检验。我们利用层次单排序方法来求得判断矩阵的权数，根据相关专家填写的判断矩阵来计算对于上一层某元素来说，本层次对应的元素的重要性次序的权数。即对于判断矩阵 M，计算满足：$MW = \lambda \max$ 的特征值与特征向量。$\lambda \max$ 是判断矩阵 M 的最大特征根，W 指的是与 $\lambda \max$ 相对应的正规化特征向量，W 的分量 Wt 则表示对应元素单排序的权重值。如果判断矩阵 M 具有完全一致性，那么则有 $\lambda \max = n$。但是，这只是理想情况，在现实中基本不可能出现。因此中，为了检验判断矩阵的一致性，计算公式如下：

$$CI = \frac{\lambda \max - n}{n - 1} \tag{5-1}$$

在上述公式（5-1）中，CI=0 表示 M 具有完全一致性；反之，如果 CI 越大，就表示 M 的一致性越差。因此，为了检验 M 是否具有令人满意的一致性，需要将 CI 与平均随机一致性指标进行比较。

层次总排序指的是同一层次对于最高层相对重要性的排序权值，计算时需要先计算最高层次，再依次递进到最低层次。为计算在递进层次结构里的每一层次所有指标相对于总目标的相对权重，则需要组合第二步的计算结果来进行判断。显而易见，第二层的单排序结果即为总排序结果。将最低层次指标的相对权重的最终计算结果与各个递进层次进行一致性检验。若 B 层次某些因素对于 Aj 单排序的一致性指标用 CIj 表示，与之相对应的平均随机一致性指标就是 RIj，那么在 B 层次总排序中，随机一致性比率 CR 的公式如下所示：

$$CR = \frac{\sum_{j=1}^{m} ajCIj}{\sum_{j=1}^{m} ajRIj} \tag{5-2}$$

在上述公式（5-2）中，CR<0.10 则表示通过组合一致性检验；反之，则需要一直调整判断矩阵直到符合要求。

5.2.2　指标权重确定

基于确定指标权重问题，本研究采用了层次分析法，通过设计咨询表来询问相关专家和学者的意见。本次调研对象为：国家林业和草原局、各省市林业局以及科研院所的专家。

首先是矩阵的构造及层次单排序。判断矩阵综合结果如表 5-6 所示。

表 5-6　判断矩阵 O-A 原始权重矩阵

A	A1	A2	A3	A4	A5	w
A1	1.00	1.00	1.00	0.20	5.00	0.166 2
A2	1.00	1.00	1.00	0.20	5.00	0.166 2
A3	1.00	1.00	1.00	0.20	5.00	0.166 2
A4	5.00	5.00	5.00	1.00	7.00	0.466 1
A5	0.20	0.20	0.20	0.14	1.00	0.035 3

根据计算知道，λ_{max} = 5.22，依照公式计算 CI = 0.044；当 n = 5 时，R.I = 1.12，于是依照公式计算 C.R = 0.039 < 0.1，说明判断矩阵达到良好的效果，通过了一致性检验。后续计算以此方法进行，不再赘述。分别见表 5-7 至表 5-11。

表 5-7　判断矩阵 A1-B 原始权重矩阵

A₁	B1	B2	B3	B4	B5	B6	B7	B8	B9	权重（wi）
B1	1	3.585 3	1.594 1	1.521	6.007 2	4.865 7	5.234 7	7.960 2	6.960 7	0.268 6
B2	0.278 9	1	0.872 9	1.390 3	4.709 6	5.436 3	2.465 4	3.128 3	7.435 7	0.150 4
B3	0.627 3	1.145 6	1	6.014 8	8.372 6	4.480 6	8.578 3	3.007 8	4.538 3	0.250 0
B4	0.657 5	0.719 3	0.166 3	1	1.920 2	1.868 8	5.021 6	3.935 2	6.332 6	0.115 1
B5	0.166 5	0.212 3	0.119 4	0.520 8	1	1.947 6	2.353 6	1.207 5	6.090 4	0.057 4
B6	0.205 5	0.183 9	0.223 2	0.535 1	0.513 4	1	1.683 0	1.194 1	2.391 9	0.044 4
B7	0.191 0	0.405 6	0.116 6	0.199 1	0.424 9	0.594 2	1	0.570 7	4.922 5	0.037 2
B8	0.125 6	0.319 7	0.332 5	0.254 1	0.828 2	0.837 5	1.752 4	1	9.916 0	0.058 0
B9	0.143 7	0.134 5	0.220 3	0.157 9	0.164 2	0.418 1	0.203 1	0.100 8	1	0.018 9

一致性 CR 求解：$\lambda max = 10.166\ 4$，$RI = 1.46$，$n = 9$；$CI = (\lambda max - n) / (n-1) = (10.166\ 4 - 9) / (9-1) = 0.145\ 8$；$CR = CI/RI = 0.145\ 8/1.46 = 0.099\ 9 < 0.1$。

表 5-8 判断矩阵 A2-B 原始权重矩阵

A_2	B10	B11	B12	B13	B14	B15	B16	B17	权重（wi）
B10	1	1.366 3	2.477 8	4.504 3	10.228 6	7.536 4	3.541 7	4.605 1	0.339 9
B11	0.731 9	1	1.417 0	4.292 6	4.107 3	7.661 6	6.346 5	4.212 1	0.233 3
B12	0.403 6	0.705 7	1	2.120 9	1.469 5	2.130 7	6.786 0	2.965 9	0.129 1
B13	0.222 0	0.233 0	0.471 5	1	0.589 9	2.519	3.930 8	2.052 8	0.070 3
B14	0.097 8	0.243 5	0.680 5	1.695 3	1	8.851 0	7.704 9	1.412 3	0.112 5
B15	0.132 7	0.130 5	0.469 3	0.397 0	0.113 0	1	2.689 1	0.740 3	0.036 1
B16	0.282 3	0.157 6	0.147 4	0.254 4	0.129 8	0.371 9	1	0.350 3	0.027 1
B17	0.217 1	0.237 4	0.337 2	0.487 1	0.708 1	1.350 7	2.854 4	1	0.051 7

一致性 CR 求解：$\lambda max=8.977\ 7$，RI=1.41，n=8；CI=$(\lambda max-n)/(n-1)=(8.977\ 7-8)/(8-1)=0.139\ 7$；CR=CI/RI=$0.139\ 7/1.41=0.099\ 1<0.1$。

表 5-9　判断矩阵 A3-B 原始权重矩阵

A_3	B18	B19	B20	B21	B22	B23	B24	B25	B26	权重（wi）
B18	1	0.912 0	2.160 4	5.424 0	7.316 9	2.121 0	3.013 3	2.825 0	3.010 2	0.232 5
B19	1.096 5	1	1.258 6	3.654 1	4.975 2	4.596 1	6.381 8	10.382 0	1.481 9	0.226 7
B20	0.462 9	0.794 5	1	8.519 5	3.152 6	3.243 1	3.876 3	5.858 5	2.289 3	0.199 8
B21	0.184 4	0.273 7	0.117 4	1	1.132 8	1.861 2	3.956 1	5.536 5	1.012 9	0.075 9
B22	0.136 7	0.201 0	0.317 2	0.882 8	1	2.576 1	4.116 7	2.747 0	2.337 9	0.079 1
B23	0.471 5	0.217 6	0.308 3	0.537 3	0.388 2	1	2.891 6	1.977 1	1.265 6	0.057 7
B24	0.331 9	0.156 7	0.258 0	0.252 8	0.242 9	0.345 8	1	1.257 1	0.382 1	0.031 4
B25	0.354 0	0.096 3	0.170 7	0.180 6	0.364 0	0.505 8	0.795 5	1	1.017 8	0.032 7
B26	0.332 2	0.674 8	0.436 8	0.987 2	0.427 7	0.790 2	2.617 2	0.982 5	1	0.064 2

一致性 CR 求解：$\lambda_{max}=10.165\ 6$，RI = 1.46，n = 9；CI = $(\lambda_{max}-n)/(n-1)$ = $(10.165\ 6-9)/(9-1)$ = 0.145 7；CR = CI/RI = 0.145 7/1.46 = 0.099 8 < 0.1。

表 5-10 判断矩阵 A4-B 原始权重矩阵

A_4	B27	B28	B29	B30	B31	B32	B33	B34	权重（wi）
B27	1	1.749 3	1.451 2	3.888 7	6.813 0	3.642 9	7.697 2	12.024	0.274 2
B28	0.571 6	1	2.427 5	7.583 3	4.743 9	6.511 5	5.379 4	9.152	0.290 7
B29	0.689 1	0.411 9	1	1.369 5	3.764 1	8.404 8	5.356 3	7.183 5	0.172 5
B30	0.257 2	0.131 9	0.730 2	1	2.282 1	3.529 0	7.892 2	6.954 7	0.108 7
B31	0.146 8	0.210 8	0.265 7	0.438 2	1	1.114 3	8.558 9	1.959 6	0.060 6
B32	0.274 5	0.153 6	0.119 0	0.283 4	0.897 5	1	5.122 7	3.457 9	0.051 2
B33	0.129 9	0.185 9	0.186 7	0.126 7	0.116 8	0.195 2	1	1.423 1	0.022 6
B34	0.083 2	0.109 3	0.139 2	0.143 8	0.510 3	0.289 2	0.702 7	1	0.019 5

一致性 CR 求解：λmax=8.984 5, RI=1.41, n=8; CI=（λmax-n）/（n-1）=（8.984 5-8）/（8-1）=0.140 6; CR=CI/RI=0.140 6/1.41=0.099 8<0.1。

表 5-11 判断矩阵 A5-B 原始权重矩阵

A₅	B35	B36	B37	B38	B39	B40	权重（wi）
B35	1	0.979 3	0.647 4	2.901 2	1.352 0	4.342 3	0.186 6
B36	1.021 2	1	5.758 4	2.541 9	4.247 8	5.751 9	0.397 5
B37	1.544 7	0.173 7	1	5.408 3	3.114 2	3.892 8	0.210 8
B38	0.344 7	0.393 4	0.184 9	1	0.712 5	0.985 5	0.066 1
B39	0.739 6	0.235 4	0.321 1	1.403 6	1	2.487 4	0.091 0
B40	0.230 3	0.173 9	0.256 9	1.014 7	0.402 0	1	0.048 0

一致性 CR 求解：$\lambda max = 6.622\ 3$，RI = 1.26，n = 6；CI = $(\lambda max - n) / (n-1)$ = $(6.622\ 3 - 6) / (6-1)$ = 0.124 5；CR = CI/RI = 0.124 5/1.26 = 0.098 8 < 0.1。

其次，层次总排序计算结果。层次总排序计算结果如表 5-12 所示。

表 5-12　评价指标体系总排序计算结果

各级指标权重值	O					要素层 B 对目标层 O 的总排序权重值
	A_1	A_2	A_3	A_4	A_5	
	0.166 2	0.166 2	0.166 2	0.466 1	0.035 3	
B1	0.268 6					0.044 6
B2	0.150 4					0.025 0
B3	0.250 0					0.041 6
B4	0.115 1					0.019 1
B5	0.057 4					0.009 5
B6	0.044 4					0.007 4
B7	0.037 2					0.006 2
B8	0.058					0.009 6
B9	0.018 9					0.003 1
B10		0.339 9				0.056 5
B11		0.233 3				0.038 8
B12		0.129 1				0.021 5
B13		0.070 3				0.011 7
B14		0.112 5				0.018 7
B15		0.036 1				0.006 0
B16		0.027 1				0.004 5
B17		0.051 7				0.008 6
B18			0.232 5			0.038 6
B19			0.226 7			0.037 7
B20			0.199 8			0.033 2
B21			0.075 9			0.012 6
B22			0.079 1			0.013 1
B23			0.057 7			0.009 6
B24			0.031 4			0.005 2

表5-12（续）

各级指标权重值	O					要素层 B 对目标层 O 的总排序权重值
	A₁	A₂	A₃	A₄	A₅	
	0.166 2	0.166 2	0.166 2	0.466 1	0.035 3	
B25			0.032 7			0.005 4
B26			0.064 2			0.010 7
B27				0.274 2		0.127 8
B28				0.290 7		0.135 5
B29				0.172 5		0.080 4
B30				0.108 7		0.050 7
B31				0.060 6		0.028 2
B32				0.051 2		0.023 9
B33				0.022 6		0.010 5
B34				0.019 5		0.009 1
B35					0.186 6	0.006 6
B36					0.397 5	0.014 0
B37					0.210 8	0.007 4
B38					0.066 1	0.002 3
B39					0.091	0.003 2
B40					0.048	0.001 7

最后，进行一致性检验。计算出层次总排序的结果后，进行组合一致性检验，以检验结果来判定该结果是否可以作为最终决策依据。

由于

$$CR = \frac{\sum_{j=1}^{m} ajCIj}{\sum_{j=1}^{m} ajRIj} = 0.099\ 4 < 0.1$$

组合一致性比率结果为 0.099 4<0.1，表明计算得到的结果可以满足要求，可使用其进行决策。

5.3 模糊综合评价

5.3.1 研究方法选择

模糊综合评价法根据模糊数学的隶属度理论把定性评价转化为定量评价，即用模糊数学对受到多种因素制约的事物或对象做出一个总体评价。该方法具有结果清晰、系统性强的特点，能较好地解决模糊的、难以量化的问题，适用于对各种非确定性问题的解决。我们根据模糊综合评价方法的基本建模步骤，应用基于样本地的调查数据，对林业生态扶贫政策与贫困地区乡村振兴政策衔接程度进行评价。为顺利进行林业生态扶贫政策与贫困地区乡村振兴政策衔接程度模糊综合评价，本研究对其计算过程进行简单论述：设评判对象为 P（个体），即为林业生态扶贫政策与贫困地区乡村振兴政策衔接程度模糊综合评价。

第一步，设定评价对象因素集 $U = \{U_1,\ U_2,\ \cdots,\ U_m\}$，评判集 $V = \{V_1,\ V_2,\ \cdots,\ V_m\}$。

第二步，对于因素集 U 中的任意因素，根据评判集的等级指标来进行模糊评判，得到评判矩阵：$R = \begin{bmatrix} r_{11} & r_{12} & \cdots & r_{1m} \\ r_{21} & r_{22} & \cdots & r_{2m} \\ \vdots & \vdots & \cdots & \vdots \\ r_{n1} & r_{n2} & \cdots & r_{nm} \end{bmatrix}$，

上式中，r_{11} 表示 u_1 关于 v_1 的隶属程度。

综合因素集、评判集与评价矩阵，$(U\quad V\quad R)$ 构成了一个模糊综合评判模型。

第三步，确定各因素重要性指标（权重）后，记为 $A = \{a_1,\ a_2,\ \cdots,\ a_n\}$，满足 $\sum_{i=1}^{n} a_i = 1$，则有模糊评价结果为：$\bar{B} = A \times R = (\bar{b_1},\ \bar{b_2},\ \cdots,\ \bar{b_m})$。经归一化后，得 $B = \{b_1,\ b_2,\ \cdots,\ b_m\}$，因此可以确定研究对象 O（整体）的评判等级。

5.3.2 构建要素集

我们根据林业生态扶贫政策与贫困地区乡村振兴政策衔接程度的核心指标

建立的评价指标体系建立综合评价指标因素集：

$$U = \{u_1, u_2, u_3, u_4, u_5\}$$

林业生态扶贫政策与贫困地区乡村振兴政策衔接程度评价指标体系指标权重的计算结果见表5-12。

确定林业生态扶贫政策与贫困地区乡村振兴政策衔接程度评判集为：

$$V = \{v_1, v_2, v_3, v_4, v_5\}$$

我们分别定义 A_{111}，…，A_{1ij}；A_{211}，…，A_{2ij}；A_{311}，…，A_{3ij} 为林业生态扶贫政策与贫困地区乡村振兴政策衔接非常不好、$X = (A_{ijk})_{nxn}$ 为林业生态扶贫政策与贫困地区乡村振兴政策衔接不好、A_{ijk} 林业生态扶贫政策与贫困地区乡村振兴政策衔接一般、A_{ijk} 林业生态扶贫政策与贫困地区乡村振兴政策衔接较好、$X = (A_{ijk})_{nxn}$ 林业生态扶贫政策与贫困地区乡村振兴政策衔接非常好，可简单表示为：

$$V = \{v_1 = 非常不好，v_2 = 不好，v_3 = 一般，v_4 = 较好，v_5 = 非常好\}$$

5.3.3 建立隶属矩阵

通过对调研数据进行整理，我们得到林业生态扶贫政策与贫困地区乡村振兴政策衔接程度综合评价单因素隶属度综合判别矩阵表，详见表5-13。

表5-13 单因素隶属度综合判别矩阵（N=300）

评价指标	非常不好	不好	一般	较好	好
B1	9	20	93	56	122
B2	6	21	97	56	120
B3	2	27	104	46	121
B4	6	22	96	48	128
B5	4	25	98	55	118
B6	3	23	96	55	123
B7	5	21	106	70	98
B8	4	20	93	77	106
B9	3	24	92	68	113
B10	6	25	104	73	92
B11	7	23	95	80	95
B12	8	24	104	67	97
B13	4	21	105	78	92

表5-13(续)

评价指标	非常不好	不好	一般	较好	好
B14	4	24	106	66	100
B15	5	27	95	70	103
B16	4	21	90	76	109
B17	4	27	98	73	98
B18	5	23	92	70	110
B19	4	23	99	76	98
B20	6	26	100	75	93
B21	8	21	96	80	95
B22	4	20	101	67	108
B23	4	27	96	71	102
B24	5	22	101	80	92
B25	3	20	92	67	118
B26	6	27	91	71	105
B27	4	22	90	71	113
B28	4	22	91	64	119
B29	5	20	95	71	109
B30	7	26	102	65	100
B31	8	26	96	76	94
B32	6	23	109	76	86
B33	4	22	94	78	102
B34	5	22	102	62	109
B35	5	26	102	72	95
B36	4	23	90	64	119
B37	5	24	107	61	103
B38	5	27	94	68	106
B39	3	24	95	77	101
B40	2	22	93	72	111

5.3.4 模糊综合评价结果及分析

5.3.4.1 子系统模糊综合评价

（1）产业发展（A1）子系统模糊综合评价：林业生态扶贫与乡村振兴政策衔接程度评价指标体系中"产业发展（A1）子系统"涉及的指标包括涉林产业产值（B1）、村民涉林人均年纯收入（B2）、林业富民产业发展（B3）、"森林+"等林业特色产业形成程度（B4）、深加工林产品比例（B5）、林产品品牌建设（B6）、林产品营销流通体系建设（B7）、林业产业统筹发展能力（B8）、林产品市场预警机制建设（B9）9个指标。我们根据调研结果整理、计算得出模糊综合评价的单因素判别矩阵为

$$R_{A1} = \begin{bmatrix} 0.030\,0 & 0.066\,7 & 0.310\,0 & 0.186\,7 & 0.406\,7 \\ 0.020\,0 & 0.070\,0 & 0.323\,3 & 0.186\,7 & 0.400\,0 \\ 0.006\,7 & 0.090\,0 & 0.346\,7 & 0.153\,3 & 0.403\,3 \\ 0.020\,0 & 0.073\,3 & 0.320\,0 & 0.160\,0 & 0.426\,7 \\ 0.013\,3 & 0.083\,3 & 0.326\,7 & 0.183\,3 & 0.393\,3 \\ 0.010\,0 & 0.076\,7 & 0.320\,0 & 0.183\,3 & 0.410\,0 \\ 0.016\,7 & 0.070\,0 & 0.353\,3 & 0.233\,3 & 0.326\,7 \\ 0.013\,3 & 0.066\,7 & 0.310\,0 & 0.256\,7 & 0.353\,3 \\ 0.010\,0 & 0.080\,0 & 0.306\,7 & 0.226\,7 & 0.376\,7 \end{bmatrix}$$

林业生态扶贫与乡村振兴政策衔接程度评价指标体系中"产业发展（A1）子系统"模块评价指标的权重为

$w_{A1} = = [\,0.268\,6\quad 0.150\,4\quad 0.250\,0\quad 0.115\,1\quad 0.057\,4\quad 0.044\,4\quad 0.037\,2\quad 0.058\,0\quad 0.018\,9\,]$

林业生态扶贫与乡村振兴政策衔接程度评价指标体系中"产业发展（A1）子系统"衔接程度的模糊综合评价的判别结果为

$A_1 = R_{A1} \times w_{A1} = [\,0.017\,8\quad 0.075\,5\quad 0.325\,3\quad 0.181\,5\quad 0.399\,9\,]$

我们经过对林业生态扶贫与乡村振兴政策衔接程度评价指标体系中"产业发展"指标程度的研究得出结果：39.99%的农户认为产业发展情况非常好，且后续持续发展的能力较强，18.15%的农户认为产业发展情况较好，有1.78%和7.55%的农户认为产业发展情况非常不好和不好，但是占比较小，32.53%的农户认为产业发展情况一般（图5-1）。综上所述可知，随着林业生态扶贫政策逐渐向乡村振兴政策转变并与之衔接，产业发展呈现出日益向好的趋势。

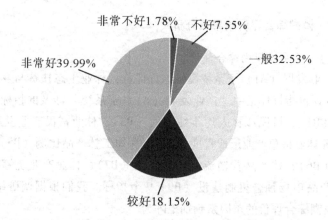

非常不好1.78%　不好7.55%

非常好39.99%　一般32.53%

较好18.15%

图 5-1　综合评价指标体系中"产业发展"指标衔接程度

（2）生态宜居（A2）子系统模糊综合评价：林业生态扶贫与乡村振兴政策衔接程度评价指标体系中"生态宜居（A2）子系统"涉及的指标包括森林覆盖率（宜林荒山绿化率）（B10）、单位面积森林蓄积量（B11）、"四旁"绿化率（B12）、村庄绿化率（B13）、乡村生态保护与修复机制（B14）、推动农业发展绿色变革（B15）、林龄结构合理（B16）、无重大林业破坏事件（B17）8 个指标。我们根据调研结果整理、计算得出模糊综合评价的单因素判别矩阵为

$$R_{A2} = \begin{bmatrix} 0.020\,0 & 0.083\,3 & 0.346\,7 & 0.243\,3 & 0.306\,7 \\ 0.023\,3 & 0.076\,7 & 0.316\,7 & 0.266\,7 & 0.316\,7 \\ 0.026\,7 & 0.080\,0 & 0.346\,7 & 0.223\,3 & 0.323\,3 \\ 0.013\,3 & 0.070\,0 & 0.350\,0 & 0.260\,0 & 0.306\,7 \\ 0.013\,3 & 0.080\,0 & 0.353\,3 & 0.220\,0 & 0.333\,3 \\ 0.016\,7 & 0.090\,0 & 0.316\,7 & 0.233\,3 & 0.343\,3 \\ 0.013\,3 & 0.070\,0 & 0.300\,0 & 0.253\,3 & 0.363\,3 \\ 0.013\,3 & 0.090\,0 & 0.326\,7 & 0.243\,3 & 0.326\,7 \end{bmatrix}$$

林业生态扶贫与乡村振兴政策衔接程度评价指标体系中"生态宜居（A2）子系统"模块评价指标的权重为

$w_{A2} = = [\,0.339\,9\quad 0.233\,3\quad 0.129\,1\quad 0.070\,3\quad 0.112\,5\quad 0.036\,1\quad 0.027\,1\quad 0.051\,7\,]$

林业生态扶贫与乡村振兴政策衔接程度评价指标体系中"生态宜居（A2）子系统"衔接程度的模糊综合评价的判别结果为

$A_2 = R_{A2} \times w_{A2} = [\,0.019\,8\quad 0.080\,3\quad 0.337\,3\quad 0.244\,7\quad 0.318\,0\,]$

我们经过对林业生态扶贫与乡村振兴政策衔接程度评价指标体系中"生态宜居"指标程度的研究得出结果：31.80%的农户认为生态宜居情况非常好，

且后续持续向好，美化、绿化与亮化逐渐向好，24.47%的农户认为生态宜居情况较好，有1.98%和8.03%的农户认为生态宜居情况非常不好和不好，但是占比较小，33.73%的农户认为生态宜居情况一般（见图5-2）。综上所述可知，随着林业生态扶贫政策逐渐向乡村振兴政策转变并与之衔接，生态宜居呈现出日益向好的趋势。

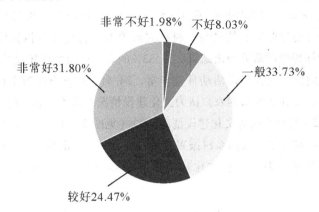

图5-2 综合评价指标体系中"生态宜居"指标衔接程度

（3）文化建设（A3）子系统模糊综合评价：林业生态扶贫与乡村振兴政策衔接程度评价指标体系中"文化建设（A3）子系统"涉及的指标包括"植绿护绿爱绿"等绿色文化宣教（B18）、绿色生态产业文化活动（B19）、古树名木保护行动（B20）、涉林乡风民俗等优秀传统文化传承（B21）、健全乡村公共文化服务体系（B22）、文明素养等乡村文明新风尚培育与创新（B23）、培育新时代务林人员（B24）、森林生态环保机制建设（B25）、美丽乡村建设推进进度（B26）9个指标。我们根据调研结果整理、计算得出模糊综合评价的单因素判别矩阵为

$$R_{A3} = \begin{bmatrix} 0.016\,7 & 0.076\,7 & 0.306\,7 & 0.233\,3 & 0.366\,7 \\ 0.013\,3 & 0.076\,7 & 0.330\,0 & 0.253\,3 & 0.326\,7 \\ 0.020\,0 & 0.086\,7 & 0.333\,3 & 0.250\,0 & 0.310\,0 \\ 0.026\,7 & 0.070\,0 & 0.320\,0 & 0.266\,7 & 0.316\,7 \\ 0.013\,3 & 0.066\,7 & 0.336\,7 & 0.223\,3 & 0.360\,0 \\ 0.013\,3 & 0.090\,0 & 0.320\,0 & 0.236\,7 & 0.340\,0 \\ 0.016\,7 & 0.073\,3 & 0.336\,7 & 0.266\,7 & 0.306\,7 \\ 0.010\,0 & 0.066\,7 & 0.306\,7 & 0.223\,3 & 0.393\,3 \\ 0.020\,0 & 0.090\,0 & 0.303\,3 & 0.236\,7 & 0.350\,0 \end{bmatrix}$$

林业生态扶贫与乡村振兴政策衔接程度评价指标体系中"文化建设（A3）子系统"模块评价指标的权重为

$$w_{A3} = = [0.232\ 5\quad 0.226\ 7\quad 0.199\ 8\quad 0.075\ 9\quad 0.079\ 1\quad 0.057\ 7\quad 0.031\ 4\quad 0.032\ 7\quad 0.064\ 2]$$

林业生态扶贫与乡村振兴政策衔接程度评价指标体系中"文化建设（A3）子系统"衔接程度模糊综合评价的判别结果为

$$A_3 = R_{A3} \times w_{A3} = [0.016\ 9\quad 0.078\ 6\quad 0.322\ 2\quad 0.244\ 1\quad 0.338\ 3]$$

我们经过对林业生态扶贫与乡村振兴政策衔接程度评价指标体系中"文化建设"指标程度的研究得出结果：33.83%的农户认为文化建设情况非常好，且后续持续向好，文化建设活动日益丰富，24.41%的农户认为文化建设情况较好，有1.69%和7.86%的农户认为文化建设情况非常不好和不好，但是占比较小，32.22%的农户认为文化建设情况一般（见图5-3）。综上所述可知，随着林业生态扶贫政策逐渐向乡村振兴政策转变，并与之衔接，文化建设呈现出日益向好的趋势，但是应在文化建设内容的多样性、形式的丰富性上多下功夫。

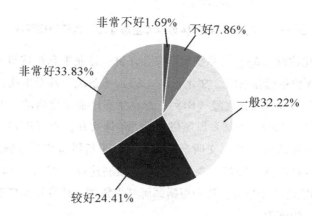

图5-3　综合评价指标体系中"文化建设"指标衔接程度

（4）乡村治理（A4）子系统模糊综合评价：林业生态扶贫与乡村振兴政策衔接程度评价指标体系中"乡村治理（A4）子系统"涉及的指标包括"植绿护绿爱绿"法治宣传（B27）、符合国家林业法规要求的乡规民约制定与执行（B28）、林权纠纷调解处理机制（B29）、林业法律援助服务体系建设（B30）、林业合作组织建设法制化（B31）、服务性、公益性、互助性农村社会组织培育进度（B32）、"林业道德模范"等荣誉称号评选与宣传（B33）、林业信用体系和诚信制度建设（B34）8个指标。我们根据调研结果整理、计算得出模糊综合评价的单因素判别矩阵为

$$R_{A4} = \begin{bmatrix} 0.013\ 3 & 0.073\ 3 & 0.300\ 0 & 0.236\ 7 & 0.376\ 7 \\ 0.013\ 3 & 0.073\ 3 & 0.303\ 3 & 0.213\ 3 & 0.396\ 7 \\ 0.016\ 7 & 0.066\ 7 & 0.316\ 7 & 0.236\ 7 & 0.363\ 3 \\ 0.023\ 3 & 0.086\ 7 & 0.340\ 0 & 0.216\ 7 & 0.333\ 3 \\ 0.026\ 7 & 0.086\ 7 & 0.320\ 0 & 0.253\ 3 & 0.313\ 3 \\ 0.020\ 0 & 0.076\ 7 & 0.363\ 3 & 0.253\ 3 & 0.286\ 7 \\ 0.013\ 3 & 0.073\ 3 & 0.313\ 3 & 0.260\ 0 & 0.340\ 0 \\ 0.016\ 7 & 0.073\ 3 & 0.340\ 0 & 0.206\ 7 & 0.363\ 3 \end{bmatrix}$$

林业生态扶贫与乡村振兴政策衔接程度评价指标体系中"乡村治理（A4）子系统"模块评价指标的权重为

$w_{A4} == [0.274\ 2\ \ 0.290\ 7\ \ 0.172\ 5\ \ 0.108\ 7\ \ 0.060\ 6\ \ 0.051\ 2\ \ 0.022\ 6\ \ 0.019\ 5]$

林业生态扶贫与乡村振兴政策衔接程度评价指标体系中"乡村治理（A4）子系统"衔接程度模糊综合评价的判别结果为

$A_4 = R_{A4} \times w_{A4} = [0.016\ 2\ \ \ 0.074\ 6\ \ \ 0.313\ 7\ \ \ 0.229\ 5\ \ \ 0.365\ 9]$

我们经过对林业生态扶贫与乡村振兴政策衔接程度评价指标体系中"乡村治理"指标程度的研究得出结果：36.59% 的农户认为乡村治理情况非常好，且乡村治理公平性和效率逐渐提高，22.95% 的农户认为乡村治理情况较好，有 1.62% 和 7.46% 的农户认为乡村治理情况非常不好和不好，但是占比较小，31.37% 的农户认为乡村治理情况一般（图 5-4）。综上所述可知，随着林业生态扶贫政策逐渐向乡村振兴政策转变并与之衔接，乡村治理逐渐向好，但是在乡村治理效率上应该进一步提升，同时办事的公平性和透明度也要进一步提高。

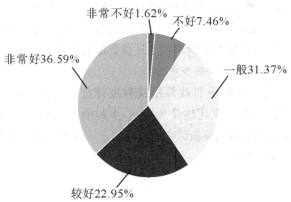

图 5-4 综合评价指标体系中"乡村治理"指标衔接程度

（5）增收途径（A5）子系统模糊综合评价：林业生态扶贫与乡村振兴政策衔接程度评价指标体系中"增收途径（A5）子系统"涉及的指标包括惠林政策落实度（B35）、以林创业创新能力（B36）、林业经营水平培训（B37）、拓宽收入渠道（B38）、利益联结机制构建（B39）、社会保障体系覆盖面（B40）6个指标。我们根据调研结果整理、计算得出模糊综合评价的单因素判别矩阵为

$$R_{A5} = \begin{bmatrix} 0.016\ 7 & 0.086\ 7 & 0.340\ 0 & 0.240\ 0 & 0.316\ 7 \\ 0.013\ 3 & 0.076\ 7 & 0.300\ 0 & 0.213\ 3 & 0.396\ 7 \\ 0.016\ 7 & 0.080\ 0 & 0.356\ 7 & 0.203\ 3 & 0.343\ 3 \\ 0.016\ 7 & 0.090\ 0 & 0.313\ 3 & 0.226\ 7 & 0.353\ 3 \\ 0.010\ 0 & 0.080\ 0 & 0.316\ 7 & 0.256\ 7 & 0.336\ 7 \\ 0.006\ 7 & 0.073\ 3 & 0.310\ 0 & 0.240\ 0 & 0.370\ 0 \end{bmatrix}$$

林业生态扶贫与乡村振兴政策衔接程度评价指标体系中"增收途径（A5）子系统"模块评价指标的权重为

$w_{A5} = = [0.186\ 6 \quad 0.397\ 5 \quad 0.210\ 8 \quad 0.066\ 1 \quad 0.091\ 0 \quad 0.048\ 0]$

林业生态扶贫与乡村振兴政策衔接程度评价指标体系中"乡村治理（A4）子系统"衔接程度模糊综合评价的判别结果为

$A_5 = R_{A5} \times w_{A5} = [0.014\ 3 \quad 0.080\ 3 \quad 0.322\ 3 \quad 0.222\ 3 \quad 0.360\ 9]$

我们经过对林业生态扶贫与乡村振兴政策衔接程度评价指标体系中"增收途径"指标程度的研究得出结果：36.09%的农户认为增收途径综合指标情况非常好，22.23%的农户认为增收途径综合指标情况较好，有1.43%和8.03%的农户认为增收途径综合指标情况非常不好和不好，但是占比较小，32.23%的农户认为增收途径综合指标情况一般（见图5-5）。综上所述可知，随着林业生态扶贫政策逐渐向乡村振兴政策转变并与之衔接，增收途径综合指标逐渐向好，但在保证农户持续增收上还需要加大力度。

5.3.4.2　综合系统模糊综合评价

林业生态扶贫与乡村振兴政策衔接程度评价指标体系中包含产业发展（A1）、生态宜居（A2）、文化建设（A3）、乡村治理（A4）、增收途径（A5）5个子系统。在上述子系统模糊综合评价基础上，我们整理、计算得出模糊综合评价的因素判别矩阵为

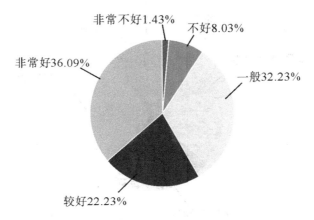

非常不好1.43%　　不好8.03%

非常好36.09%　　一般32.23%

较好22.23%

图 5-5　综合评价指标体系中"增收途径"指标衔接程度

$$R_o = \begin{bmatrix} 0.017\,8 & 0.075\,5 & 0.325\,3 & 0.181\,5 & 0.399\,9 \\ 0.019\,8 & 0.080\,3 & 0.337\,3 & 0.244\,7 & 0.318\,0 \\ 0.016\,9 & 0.078\,6 & 0.322\,2 & 0.244\,1 & 0.338\,3 \\ 0.016\,2 & 0.074\,6 & 0.313\,7 & 0.229\,5 & 0.365\,9 \\ 0.014\,3 & 0.080\,3 & 0.322\,2 & 0.222\,3 & 0.360\,9 \end{bmatrix}$$

林业生态扶贫与乡村振兴政策衔接程度综合评价指标权重为

$$w_o = = \begin{bmatrix} 0.166\,2 & 0.166\,2 & 0.166\,2 & 0.466\,1 & 0.035\,3 \end{bmatrix}$$

林业生态扶贫与乡村振兴政策衔接程度模糊综合评价的判别结果为

$$A_o = R_o \times w_o = \begin{bmatrix} 0.017\,1 & 0.076\,6 & 0.321\,3 & 0.226\,2 & 0.358\,9 \end{bmatrix}$$

我们经过对林业生态扶贫与乡村振兴政策衔接程度模糊综合评价的研究得出结果：35.89%的农户认为林业生态扶贫与乡村振兴政策衔接非常好，且后续持续向好，22.62%的农户认为林业生态扶贫与乡村振兴政策衔接较好，有1.77%和7.66%的农户认为林业生态扶贫与乡村振兴政策衔接非常不好和不好，但是占比较小，32.13%的农户认为林业生态扶贫与乡村振兴政策衔接一般（见图5-6）。综上所述可知，随着林业生态扶贫政策逐渐向乡村振兴政策转变并与之衔接，林业生态扶贫与乡村振兴政策衔接程度呈现出日益向好的趋势，各部门应该进一步加强沟通，促进其更好地衔接。

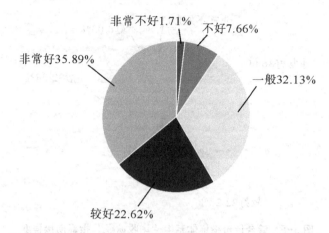

非常不好1.71%　不好7.66%

非常好35.89%

一般32.13%

较好22.62%

图 5-6　林业生态扶贫与乡村振兴政策衔接程度综合评价结果

5.4　林业生态扶贫成果巩固与广西石漠化地区乡村振兴政策衔接的关键性问题

在实施乡村振兴战略背景下，基于产业发展、生态就业、科技成果推广、乡村环境美化、森林文明弘扬、治理有效、生活富裕等方面的林业生态扶贫成果巩固与广西石漠化地区乡村振兴政策衔接评价结果，探讨 2020 年以后林业生态扶贫成果巩固与广西石漠化地区乡村振兴政策衔接的关键性问题，包括产业兴而不旺、生态景观不够精致、乡风文明建设滞后、乡村治理效率不高、科技支持力度不足等问题，造成集体林地经营机制不灵活，农民创新发展空间受限等。

5.4.1　产业兴而不旺

一是发展动力不足。集体林地承包到户后，广西石漠化地区农民获得了集体林地经营权和林木所有权，但是林木生产经营什么、怎么经营，林木资产进入采伐期后采伐什么、采伐多少、怎么采伐，仍然受到重重限制；林地上种什么、怎么种以及林下经济产品、特色经济林产品等成熟后怎么采、采多少等问题，农民还没有掌握最佳采摘与保鲜技术，以及农民不能畅通销售信息、随行就市、自主经营、自主采伐、自由获利，持有的林业财产与获取经济利益的关联性不强，特别是产品销售渠道不畅，难以激发农民经营林业的积极性。二是发展活力不大。当前，广西石漠化地区集体林权流转不够顺畅，部分农民对承包林地无力经营、不愿经营，也不流转，导致林地生产力水平低下；林业资源资产化、资本化程度低，社会资本上山入林存在重重障碍，导致广西石漠化地区林业融资难、林业资源变现难、经营林业获利难。三是发展能力不强。广西石漠化地区农户受知识技能欠缺、市场信息不灵等局限，经营能力比较低，林业生产经营具有盲目性、粗放性，千千万万的小农户难以有效应对千变万化的大市场。四是发展效率不够高。广西石漠化地区集体林地经营规模化、集约化水平比较低，生产经营投入大、周期长、见效慢、风险大、产出水平低，对资金、技术、劳动力等生产要素吸引力不足。五是集体经济收效不显著。虽然一直在实施村集体经济壮大工程，但是村集体经济资源少，条件差，发展限制多，融资困难，缺少相关物质条件，发展动力不足，特别是缺乏熟"三农"、懂经营、善管理的复合型人才，导致村集体经济收入渠道少，收入来源合理性、稳定性差，特别是村集体经济产业稳定性较差。

5.4.2 生态景观不够精致

生态宜居乡村建设主要包括村级规划、基础设施、生态绿化等建设，注重乡村生态环境建设与村级规划。但是受制于规划能力、资金、历史等因素，还有许多广西石漠化地区自然村未统一编制村庄规划，"散、乱、小"问题突出，村庄内道路狭窄、布局零乱，老旧房屋、空闲废弃宅基地的治理改造成为乡村振兴的难点。"脏、乱、差"问题没有得到及时有效解决，部分石漠化地区乡村未能分类处理垃圾，农村厕所改造尚未到位，农村生活污水四处溢流现象严重；房前屋后绿化不到位，未能做到依据村貌、依据民房特色进行适景适树绿化村庄；部分农村环境整治长效机制亟待健全，依然缺失倡导文明生活方式及保护环境乡规民约。

5.4.3 乡风文明建设滞后

广西石漠化地区地处偏远、经济落后，是乡村文明建设的薄弱环节。在经济利益的推动下，虽然广西石漠化地区正大力发掘乡村文化和文明乡风资源，但开发行动面临诸多困难。不合理的开发，导致乡风文明的传统特质面临挑战。随着"抖音"等跨文化交流形式的日益增多，广西石漠化地区的生活、文化领域开始脱离地域和民族的束缚，被短期逐利者采用不恰当的手段进行开发，导致乡风文明受到负面影响。文化基础设施建设滞后，多数广西石漠化地区文化娱乐生活单一，设施匮乏，弘扬乡风文明的必要设施设备、基础设施更加薄弱，只有黑板报、宣传栏、大喇叭等简易的宣传工具，导致工作效率低下，宣传效果不理想。特殊的产权属性，导致乡风文明文化资源开发纠纷较多。另外，打工潮的兴起以及年轻人对城市生活的向往，导致广西石漠化地区乡土民俗、传统文化、乡村技艺等传承断层；此外，涉及山、水、林、田、湖、草的生态文化发扬以及生产劳作的技艺修复与传承尚待挖掘与完善。乡风文明品牌建设滞后，家庭参与积极性不够。乡风文明品牌设立缺乏新颖性，年轻人参与热情不高；乡风文明品牌只评不宣，好品德好形象难入人心，乡风文明品牌影响力不够；群众文化活动遍地开花，但富有内涵的节目较少，且呈现村村攀比苗头。

5.4.4 乡村治理效率不高

自 2016 年开始决战决胜扶贫脱贫攻坚战以来，广西石漠化地区文化基础设施、农村教育条件及资源条件已有极大改善，但相较于城市教育发展，仍严重滞后。缺少管理人员、经费难落实与管理制度缺失等原因导致农村文化设施（例如活动广场、图书阅览室等）形同虚设，大多数村集体经济成为"空壳"；村民文化素质有待提升、生产经营技能严重滞后，导致农村经济、社会发展缓慢。农村先进的道德体系建设也失去了强有力的经济与社会支撑基础，立法不足、司法不公、执法不力的不健全的法治治理体系难以维系道德底线，导致广西石漠化地区的"理"与"法"界限长期模糊。另外，广西石漠化地区农村基层党组织比较薄弱，乡村党建与基层组织引领任重道远，特别是在市场经济冲击下，广西石漠化地区的基层党组织运行不畅等问题层出不穷，导致在农民群众心目中的认可度与公信力逐渐缺失。一些广西石漠化地区的村集体经济组织对承包到户的林地"一包了之"，对经营行为不监督，对破坏林地或改变林地用途的行为不制止；一些农户对集体林地只承包、不经营，不履行造林育林、保护管理等责任，林地生产力水平不能得到有效提高；部分广西石漠化地区对集体林区基础设施建设长期不投资或低水平投资，导致林区水、电、路、网等基础设施条件很差，难以满足林业生产经营需求。

6 健全林业生态扶贫成果巩固与广西石漠化地区乡村振兴政策衔接机制

关于林业生态扶贫政策与广西石漠化地区乡村振兴政策有效衔接机制，首先是要精神聚合：以精神动能统领乡村振兴与林业生态扶贫。其次是要坚持目标结合：实现广西石漠化地区乡村振兴政策与林业生态扶贫战略目标接续融合。再次是要坚持要素整合：实现广西石漠化地区乡村振兴政策与林业生态扶贫各要素系统衔接。最后是要实现体系融合：实现广西石漠化地区乡村振兴政策与林业生态扶贫机制有机结合。因此，应当坚持因地制宜、分类推进的原则，针对地区、乡村发展基础和阶段的差异性，先行先试，逐步完成衔接。因此，健全林业生态扶贫政策与广西石漠化地区乡村振兴政策衔接机制，还应当坚持因地制宜、分类推进的原则。

6.1 精神聚合：以精神动能统领乡村振兴与林业生态扶贫

从顶层设计角度来看，实现林业生态扶贫脱贫攻坚与乡村振兴政策的有效衔接，可以有效解决从点到面的政策转变问题，这就要求脱贫攻坚与乡村振兴要"同频共振"。

6.1.1 强化作风衔接，提升体制机制创新效能

自 2016 年开始决战决胜林业生态扶贫脱贫攻坚战以来，林业干部队伍以及到基层挂职锻炼的干部队伍都得到了较大锻炼机会，基层组织和干部队伍思想建设和工作作风明显转变，并且在这个过程中，也逐步增强了基层党组织的凝聚力、号召力，为该地区实施乡村振兴战略奠定了基础。在推进林业生态扶贫脱贫攻坚与乡村振兴政策的有效衔接中，必须切实增强作风建设，防范乡村振兴战略实施中出现作风建设力度不够和思想松懈等现象。第一，加强基层组

织建设，在脱贫攻坚领导团队的基础上，拓展领导实施乡村振兴战略功能，实行"一套人马两块牌子"的合署办公方式。第二，完善工作机制，继续推进和完善"五级书记"齐抓共管机制和第一书记主体责任工作机制。第一书记不仅要被派驻在前期贫困村、软弱涣散村，而且要全覆盖薄弱的村集体经济组织；完善决策议事机制、村集体项目推进机制、工作统筹协调机制、基层组织成员绩效考核评估机制、村集体事务跟踪办理机制等，加快既有的有效林业生态扶贫脱贫攻坚运行机制、管理办法与广西石漠化地区乡村振兴的各项政策及机制的有机衔接。第三，提升基层干部队伍人员的积极性、创造性和主动性。持续加强政治培训和业务指导，夯实为民服务的思想基础，引导干部队伍扎根基层、敢于担当、乐于奉献；落实职务和职级并行政策，进一步提升和落实基层组织干部和乡村干部待遇。

6.1.2 强化理念衔接，充分发挥战略规划的引领作用

牢固树立从精准到共享、从特惠到普惠、从福利到发展的衔接理念，以此促进林业生态扶贫脱贫成果巩固与乡村振兴政策的有效衔接。首先是要将两大战略规划有机结合起来。在区域总体发展规划、土地总体规划两大战略规划的框架下，牢固树立"绿水青山就是金山银山"的发展理念，统筹两大战略的目标和任务，遵循广西石漠化地区乡村发展规律，基于林业生态资源优势与乡村发展趋势，科学编制两大战略衔接的短期与长远发展规划、专项方案、行动计划等。强化广西石漠化地区乡村发展与县域经济发展和社会治理创新的有机结合，统筹谋划广西石漠化地区乡村发展、生态改善、经济发展以及社会治理体系的一体化推进，优化布局县域经济与产业链，确保实现"县有龙头企业、乡有产业园区、村有扶贫基地、户有增收门路"目标。

6.1.3 强化思想衔接，全面根除"等、靠、要"思想

林业生态脱贫成果巩固与广西石漠化地区乡村振兴最根本、最稳定、最强大的力量是广大的人民群众，因此，必须从根本上破除贫困群众"等、靠、要"思想，继而激发他们干事创业的积极性、主动性，积极引导群众参与林业生态扶贫脱贫成果巩固与广西石漠化地区乡村振兴。广西石漠化地区生态环境依然脆弱，仍面临植被恢复，环境治理，生态保护与产业发展和转型、升级等多重挑战，因此，更需要在凝聚群众强大的精神动力，巩固林业生态扶贫脱贫成果和推进乡村振兴的同时，肩挑保护生态环境的重担。在推进乡村振兴战略背景下，基层党组织不仅需要不断优化运行机制，而且需要建立制度化沟通

协商机制和提高为人民服务意识，逐步解决适应市场需求、满足群众多样化需求和协调多元化群众利益等问题，如此才能真正提升基层党组织运行效率。

6.2 目标结合：实现广西石漠化地区乡村振兴政策与林业生态扶贫战略目标接续融合

6.2.1 强化目标协同，不断推动工作机制转化衔接

林业生态扶贫脱贫成果巩固是实现广西石漠化地区乡村振兴的基础性工程，是广西石漠化地区乡村振兴战略的子系统工程，是广西石漠化地区乡村振兴战略的重要组成部分。在战略目标上，二者可以有机结合。乡村振兴是巩固广西石漠化地区扶贫脱贫成果的必然要求，巩固林业生态扶贫脱贫成果是广西石漠化地区乡村振兴的内在要求。从战略协同推进来看，巩固林业生态扶贫脱贫成果是短期内必须实现的政治目标，具有较强的突击性和紧迫性，而广西石漠化地区乡村振兴则需要战略指引和科学规划，是必须长期坚持的历史性任务。虽然各自性质与地位差异导致在协同推进上存在一定的难度，战略内容的一致性与共融互通和近似相同的参与主体却奠定了两者协同推进的基础和可行性。因此，进入 2020 年以后，在巩固林业生态扶贫脱贫成果与广西石漠化地区乡村振兴两者间构建起相互支撑、协同推进、有机衔接的良好架构，是实现林业生态扶贫脱贫成果巩固和广西石漠化地区乡村振兴双攻坚任务的有效保障。

6.2.2 强化目标联动，全面推进广西石漠化地区农业农村现代化

党的十八大以来，广西壮族自治区党委和政府始终把解决好新时代"三农"问题作为推进城乡发展一体化的战略部署核心，认为这是广西经济和社会迈向高质量发展道路的关键所在。在此背景下，广西壮族自治区党委和政府坚决贯彻落实《中共中央 国务院关于打赢脱贫攻坚战的决定》等文件精神，通过林业生态扶贫脱贫攻坚战略推进广西石漠化地区新农村建设，加快实现广西石漠化地区农业农村现代化，确保广大农民共享现代化发展成果。党的十九大要求新农村建设任务不仅要巩固林业生态扶贫脱贫成果，而且同时开启乡村振兴战略。党的二十大报告要求"全面推进乡村振兴，坚持农业农村优先发展，巩固拓展脱贫攻坚成果，加快建设农业强国，扎实推动乡村产业、人才、文化、生态、组织振兴"。在近期目标上，两者均统一于全面解决"三农"问

题、全面建成小康社会；在长期目标上，二者都统一于"两个一百年"奋斗目标，不仅解决广西石漠化地区城乡差距、贫富差距的不平衡不充分问题，而且成为实现社会主义现代化强国的奋斗目标之一。

6.2.3 强化目标衔接，推动政府与市场有机协同

我国正处在巩固扶贫脱贫成果与实现乡村振兴的历史交汇期、政策叠加期，共建两者间相互支撑、协同推进、有机衔接的良好局面成为必然，需要科学把握政府和市场的二元关系，理顺两者有机衔接的施策方式与关系，在确保政府引导作用以及顺应经济与社会发展规律的基础上，充分发挥市场在资源配置中的决定性作用。第一，发挥市场在资源配置中的决定性作用。在广西石漠化地区构建开放、共享的集资金、信息、人才、技术等资源要素于一体的市场体系，延伸产业链条，推动石漠化地区的农业经济发展。第二，发挥政府的引导作用。政府要在政策支持、市场监管、公共服务以及法制保障等方面进行积极引导，主动提供保障服务，基于新一代信息技术产业发展，加快推动智慧农业和数字乡村建设，健全农村公共服务体系以及社会保障体系，不断完善广西石漠化地区现代化农业发展的基础设施，补齐公共服务短板。

6.3 要素整合：实现广西石漠化地区乡村振兴政策与林业生态扶贫各要素系统衔接

6.3.1 强化人才支持，不断推进扶志扶智工作

在巩固林业生态扶贫脱贫成果与推进广西石漠化地区乡村振兴过程中，人才将发挥重要作用并成为两大战略衔接的关键所在与核心要素。其一是持续深入推进"志智双扶"工作，凝聚巩固林业生态扶贫脱贫成果的精神力量。在推进两大战略衔接过程中，必须破解农民头脑中的"等、靠、要"思想，消除精神贫困，扶贫先扶志，激发内生动力，才能充分调动有劳动能力的贫困群众向往美好生活的主观能动性。还需加强教育，引导没有劳动能力的贫困群众和一般农户，不断培育向往美好生活的意识，如此才能在广西石漠化地区营造积极向上的良好氛围。其二要突出政府的引领作用，鼓励和引导广大有识之士积极参与广西石漠化地区乡村振兴建设。完善吸引人才的政策体系，引导广大热爱农业农村事业的专业型、技能型人才扎根并发展广西石漠化地区农村，鼓励外出能人返乡创业，积极培育乡贤能人和本土致富"带头人"，积极打造由

村委会和党支部"两委"班子、党员干部队伍、结对帮扶队伍、产业发展"带头人"队伍和新型职业农民队伍共同组成的"三农"工作队伍。

6.3.2 强化资金支持,充分发挥资金杠杆作用

深入贯彻落实《国务院关于探索建立涉农资金统筹整合长效机制的意见》(国发〔2017〕54号)文件精神,稳步推进涉农资金整合,为巩固林业生态扶贫脱贫成果和推进广西石漠化地区乡村振兴提供资金支撑。在林业生态扶贫脱贫和广西石漠化地区乡村振兴的历史交汇期、政策叠加期,需要继续加大财政涉林资金统筹整合力度,需要继续发挥生产经营资金投入的政府主导和主体作用、金融资金的引导协同作用以及社会资金的参与补充作用,确保生产经营资金投入与巩固林业生态扶贫脱贫成果和推进广西石漠化地区乡村振兴的资金需要相匹配。一是继续稳步推进林业生态扶贫脱贫成果巩固、公共事业发展和涉林资金等多方投入统筹、整合,充分发挥资金整合规模合力,提升巩固林业生态扶贫脱贫成果和推进广西石漠化地区乡村振兴的效率。二是发挥财政资金"四两拨千斤"的杠杆作用,通过以奖代补、贴息、担保等方式,撬动金融资本、民间资本和社会资本共同支持巩固林业生态扶贫脱贫成果和推进广西石漠化地区乡村振兴事业。

6.3.3 强化产业支持,促进产业可持续发展

构建产业可持续发展机制,因地制宜地科学谋划林业产业发展,充分发挥产业扶贫带动效应,不仅可以夯实高质量脱贫根基,而且可以助力全面统筹推进乡村振兴,是实现林业生态扶贫脱贫成果巩固与广西石漠化地区乡村振兴有效衔接的必然要求。其一要因地制宜地科学布局林业特色产业发展。基于"绿水青山就是金山银山"的发展理念,综合平衡已有林业生态扶贫脱贫产业存量与振兴产业增量的需求,逐渐淘汰对广西石漠化地区生态环境发展有害的落后产业。一方面要求基于广西石漠化地区的地理、自然条件以及林业生态资源优势,既要挖掘本地传统林业产业,还需要积极引进和承接东部转移的无害于本地生态环境的绿色发展产业;另一方面要求基于新一代信息技术与制造业的深度融合,夯实本地林业产业的科技含量,提高林业产品附加值,提升林业产业综合效益。其二是优化林业产业发展结构。基于产生扶贫成效的林业产业,着力打造"特色产业+科技"的林业产业可持续发展模式,构建现代乡村林业产业体系,促进林业一、二、三产业融合和林业产业多元化发展,从而延长广西石漠化地区林业产业链、价值链。其三是大力培育新兴林业经营主体。

加快培育新型林业产业化联合体，增强广西石漠化地区林业产业发展的抗市场风险能力。创新利益联结方式，公平分配利益，切实提升相对贫困群体的家庭经济收入。积极探索村集体经济发展壮大、乡村产业可持续发展的有效途径，实现广西石漠化地区强农业、美农村、富农民的美好愿望。

6.4 体系融合：实现广西石漠化地区乡村振兴政策与林业生态扶贫机制有机结合

6.4.1 统筹协调多元责任主体

基于党委、政府、农民联合的多元责任主体，构建衔接两大战略责任主体联动管理机制。继续发挥广西石漠化地区基层党组织"以党建促扶贫"作用，不断培养壮大地方林业专业人才队伍和管理人才队伍，逐渐夯实推进两大战略衔接人才基础。搭建专家咨询、信息服务、智库推介、科技支撑等技术服务平台，为实现广西石漠化地区农业现代化提供技术服务支撑。推进公路、水利、电力、通信等工程建设，为衔接林业生态扶贫脱贫成果巩固与广西石漠化地区乡村振兴夯实基础设施。健全乡村教育、公共安全、医疗卫生、社会保障等社会保障体系，逐步缩小广西石漠化地区基本公共服务与全国平均水平的差距。大力培育和培养农民的内源性力量，不断提高农民的民主和责权意识，逐步提升农民自我发展能力，为衔接巩固林业生态扶贫脱贫成果和推进广西石漠化地区乡村振兴奠定内在动力基础。

6.4.2 统筹协调政策机制

充分认识和掌握两大战略的内在机理与运行机制，科学精准地有机衔接统筹协调两大战略的各项政策体系。其一是全面梳理林业生态扶贫脱贫攻坚政策和实践，客观、准确、系统地研判林业生态脱贫成果巩固过程中潜藏的各类风险源，进而分类确定需要接续的、废止的、完善的或强化的林业生态扶贫脱贫政策举措，从而提升两大战略的衔接效率。其次要制定2020年以后过渡期政策体系。它不仅是确保林业生态扶贫脱贫成果得以巩固的政策组成，而且是持续推进广西石漠化地区乡村振兴的政策体系之一。广西石漠化片区各地区之间林业生态资源优势、经济发展程度、林业生态扶贫脱贫效果、乡村振兴要求等方面存在差异，巩固林业生态扶贫脱贫成果和推进广西石漠化地区乡村振兴的衔接效率亦有不同，因此，应遵循乡村发展规律，在广西不同的石漠化地区设置 2 年到 5 年的政策过渡期，以确保广西石漠化片区不同区域林业生态扶贫脱贫成果巩固和推进乡村振兴相关扶贫政策在一定程度上保持相对稳定。

6.4.3 统筹协调规划机制

突出统筹协调规划的引领机制，推进林业生态扶贫脱贫成果巩固与广西石漠化地区乡村振兴政策有效衔接。其一是整理明确并统筹协调两大战略有效衔接的各自独立政策措施清单与交叉政策事项清单。坚持系统思维，基于深入研究和领悟两大战略的纲领性规划文件，明晰并正确理解两大战略间优先任务与长远任务的辩证关系，制定并落实衔接两大战略过渡期的科学、整体规划。其二是统筹协调各类具体规划。在生态脆弱的广西石漠化地区，基于传统产业、承接产业、产业升级、生态保护、文化保护、城郊融合等多元要素，制定并协调具有不同功能的国土空间规划、生态环境保护规划、基本农田保护规划、城镇经济开发开放规划、乡村振兴经济发展规划等各类行动规划，从而进一步统筹区域经济发展，进而不断推进两大战略的衔接进程。

7 2020 年以后林业生态扶贫脱贫成果巩固与广西石漠化地区乡村振兴政策衔接体系研究

本章基于前述研究成果，讨论哪些林业生态工程以及哪些扶贫政策应继续实行。为了巩固林业生态扶贫脱贫成果，解决相对贫困问题与实行乡村振兴战略统筹安排，推进减贫战略和在广西石漠化地区实施乡村振兴战略两者工作体系平稳衔接，需要因地制宜、分类指导，以问题为导向，有针对性地探索与研究更加符合农村、林业、林农牧民实际的 2020 年以后林业生态扶贫与在广西石漠化地区实施乡村振兴战略相衔接的政策措施。

7.1 继续深化集体林权制度改革

深入贯彻《关于进一步巩固完善集体林权制度改革成果有关工作的通知》文件精神，巩固完善集体林权制度改革成果，继续深化集体林权制度改革，大力推进集体林权综合改革试验工作，完善农村承包地"三权分置"制度，落实集体林地承包关系稳定并长久不变政策，衔接落实好第二轮林业土地承包到期后再延长 30 年的政策。完善监督管理、信用管理、风险防控等林权流转制度，搭建政（府）银（行）企（业）对接服务平台，创新林权抵质押贷款及林权收储担保融资方式与森林保险产品等林草金融产品；明确林地流转中的权利边界及权利关系，探索森林生态效益横向补偿制度，建立森林生态效益补偿基金，完善集体林权保护制度；加强林业经营主体发展的政策支持，建立新型职业林农、职业经理人培训机制，培育家庭林场、股份合作林场、专业合作社等新型林业经营主体；通过推进服务市场化、推行互联网林业服务等改革，完善林业社会化服务体系；探索森林精准化管理与现行制度下依据森林经营方案落实集体林地林木采伐审批制度，完善森林资源管护模式，创新公益林管理投入机制，推进重点区位公益林赎买改革，推进公益林资产化管理，形成完备的森林经营管理制度；引导林业龙头企业与合作社、小农户建立利益联结关系，探索保底分红、股份合作、就业创业等利益联结方式，创新小农户和现代林业发展有机衔接机制；深化集体林权股权化、社会资本投入模式改革，推进资源变资产、资金变股金、农民变股东"三变"工作；鼓励和支持各类市场主体创新发展基于数字经济的新型林业产业模式，创新集体林（草）业发展模式以及探索林业新产业、新业态等各项集体林权制度的深化改革，促进集体林（草）业不断焕发新的生机和活力。

7.2 推动林业产业兴旺

牢固树立和践行"绿水青山就是金山银山"的发展理念，以满足市场需求为导向，以实施林业供给侧结构性改革为主线，加快推进木本粮油、特色经济林、林下经济、木材战略储备基地、花卉苗木培育、竹产业、森林旅游业、野生动植物繁育利用产业、林产工业等十大特色林业产业发展进程，积极发展特色林产品加工与物流业，深入推进产业结构调整，推动林业产业发展由产地优势向产业优势转型、由数量扩张型向质量效益型转变，提高林业产业优质化、特色化、品牌化发展水平，促进林业产业竞争力不断提升。

7.2.1 推动特色富民产业发展

推进林业多种经营和非木质林产品开发利用，发展原料林、用材林基地等林业产业基地，支持林下经济、特色经济林、木本油料、竹藤花卉等规范化生产基地建设。积极发展"生态友好型+劳动密集型"的劳务组织化程度高、就业脱贫覆盖面广的林业产业。

（1）提升营造林质量。继续完善和实施退耕还林工程、天然林资源保护工程、喀斯特地区石漠化综合治理工程、湿地保护与恢复工程等林草重大生态工程，科学合理地选择树种、品种及幼苗，全面使用良种壮苗造林，按照"就近生产、本地供应为主"原则，优先使用本地苗木造林。鼓励使用多年生容器苗、大苗造林。严格执行工序管理，加强种苗、林地清理、整地、栽植、抚育管护等重点环节监督，确保各环节技术措施精准到位，进一步提升造林质量与林木培育能力。加大造林、退化林修复和森林经营力度，不断提升森林质量。加强森林抚育质量管理，将新造林地纳入森林管护范围，管护责任落实到网格护林员，列入护林员巡护重点区域，确保实现成林目标。积极利用大数据互联网平台提升林业生产经营管理服务水平，逐步构建林产品网上质量追溯体系，森林资源监管、商务销售服务体系，拓宽林产品销售渠道。加强造林护林管理培训，大力扶持林业生态扶贫专业合作社（队）发展，优先安排新型经营主体参与项目实施，让脱贫贫困农户继续参与生态建设。

（2）继续推进木本油料产业发展。以各地自然资源禀赋、生态区位为基础，科学划定木本粮油重点基地、主产区和产业带，引导形成产业集聚和发展特色。结合新一轮退耕还林政策或通过对第一轮退耕还商品林地实施林相改造等方式，鼓励地方建设木本粮油基地。允许对第一轮退耕还生态林地进行评估后，依法依规调整林种，种植具有良好水源涵养、水土保持功能的木本粮油树种。在适生条件良好、产业发展具备一定基础和较大潜力的湖南、江西、广西等南方15省（区）打造油茶产业融合发展优势区。继续支持在待发展地区选择适宜油茶产业发展的县作为重点县，提高营林生产水平，加快低产油茶林改造，促进油茶产业提质增效。研究提升油茶产业经营组织化、种植规模化、生产标准化、管理专业化水平，建设一批高标准、高质量、高效益的油茶示范基地。开展油茶、核桃等木本油料产业技术培训，大力推广应用新品种新技术，不断创新培训方式和方法，提高木本油料产业效果。加强木本油料产业精深加工产业发展，开展木本油料产业新技术、新产品研发攻关，为高品质、高营养保健价值、食品安全和高经济价值的山茶油生产提供技术支持，开展油茶籽榨油后副产物油茶饼粕富含茶皂素效用研发，发挥其在发泡剂、洗涤剂、乳化剂、农药、医药等领域以及将茶籽果壳用于糠醛和木糖醇、活性炭、栲胶、碳酸钾等制作原料中的作用。在林地、园地、退耕地营造木本粮油经济林的，允许修建必要的且符合国家有关部门规定和标准的生产道路、水电设施、生产资料库房和采集产品仓库。

（3）继续推进林下经济产业。根据各地森林资源状况和农民种养传统，以县为单位制定林下经济发展负面清单，合理确定林下经济发展的产业类别、规模以及利用强度。在不影响森林生态功能的前提下，鼓励利用各类适宜林地和退耕还林还草地等资源，因地制宜发展林下经济产业。推动落实公益林发展林下经济管理规定，允许利用二级国家公益林和地方公益林适当发展林下经济。结合退耕还林还草等林草重点工程实施以及开展自然保护区、森林公园、湿地公园基础设施建设，基于当地森林资源情况，在保护好生态的前提下，充分利用林下空间，培育适地适树的林下经济品种，促进林果、林药、林苗、林花、林菌、林草、林禽、林畜、林蜂等林下养殖业向规模化、标准化发展，积极探索多种森林复合经营模式，有序发展林下种植业，规范发展林下产品采集、经营加工、森林游憩、森林康养等产业。高度重视与积极扶持对生态脆弱区域、少数民族聚居地区和边远地区发展林下经济，重点扶持一批省级林下经济龙头企业和林下经济专业合作组织，积极引导相对贫困家庭与返贫人口参与特色种养业发展，构建集约化、专业化、组织化、社会化相结合的林下经济新型生产经营体系。加快构建以数据快速采集、信息即时查询、认证管理和技术信息服务为主要功能的全国无公害林下经济产品信息管理体系。实施"产业兴村强县"行动，抓好林下产品品种、品质、品牌和标准化生产，推进"一村一品、一县一业"发展，确保每个林草重点县都有主导产业和龙头企业，每个贫困村都有致富产业，每个贫困家庭都有稳定的收入渠道。利用林地发展林下经济的，在不采伐林木、不影响树木生长、不造成污染的前提下，允许放置移动类设施、利用林间空地建设必要的生产管护设施、生产资料库房和采集产品临时储藏室，相关用地均可按直接为林草生产服务的设施用地管理，并办理相关用地手续。

（4）完善国家储备林体系建设。实施国家储备林项目建设是缓解木材供需矛盾、保障木材安全的重大措施。农户通过流转林地和林木取得收益，通过参与国家储备林项目建设的除草、施肥等林木抚育工作取得劳动报酬，通过木材采伐、运输、生产加工等工作取得经营性收入。推进国家储备林建设，不仅可以精准提升我国森林质量，而且可以巩固扶贫脱贫成果和助推乡村振兴战略的实施，是促进"绿水青山"转变成"金山银山"的有效途径。因此，深入实施《国家储备林建设规划（2018—2035年）》，建立健全国家储备林管理体系，在水光热条件好、森林资源较为丰富、广西石漠化集中连片贫困区域，开展国家储备林基地项目建设，结合适地适树开展乡土珍稀树种经营，通过人工林集约栽培、现有林改培、间伐、抚育、施肥以及补植等措施，重点培育形成复层异龄林和混交林林分，建成优质高效多功能森林，不断提升国家木材储备能力。

（5）促进林业产业融合发展。依托各自不同的自然资源禀赋、农事景观、乡土文化和特色产品的森林生态优势，发展各具优势的特色观光旅游、生态旅游、森林康养、"森林人家"、自然教育等生态产业。推进木本粮油和林下经济与旅游、教育、文化、健康养老产业等深度融合，推进特色产业与教育、文化、健康养老等产业深度融合，构建林草一产与二、三产业交叉融合的现代林草产业体系，推动"互联网+"林草生态经济高质量发展，培育壮大林草区新产业、新业态和新模式。依托现代特色林草示范区、特色林草生态产品优势区、绿色食品标准化生产基地以及美丽宜居示范村庄、示范点，推动生态休闲、观光采摘、农耕文化体验、健康养老、民宿美食、户外探险、民族风情等新产业新业态深度融合发展，大力发展森林旅游休闲康养等绿色新兴产业，建设一批设施完备、功能多样的休闲观光园区、康养基地、森林村庄和"森林人家"。加强生态休闲、森林生态旅游业等基础设施建设，搭建在线森林生态旅游平台。积极探索林业信息化应用新机制、新模式，加快全国生态林业产业信息化示范基地和信息经济示范区建设。推动"智慧生态林草技术创新与应用"重大工程建设，加快生态林业数字化改造，打通数据链、重构供应链、提升价值链，加快推进物联网、云计算、大数据、移动互联网、数字化制造等信息技术在农业生产经营服务领域的集成、应用和示范力度。加快5G等新一代技术在林区的建设，积极构建林业物联网，推动互联网与特色生态林深度融合，为数字林区的发展打下坚实的物质基础，不动推动数字林区发展。

（6）实施林产品加工业提升行动。统筹发展林产品就地加工、初级加工和精深加工，形成加工拉动生产、加工促进消费的格局，提升林产品加工业发展水平。以林下经济产品、木本油料、干鲜果品、茶叶、菌类等为重点，支持经营主体改善储藏、保鲜、烘干、清选分级、包装等设施设备条件。争取将特色林产品纳入农产品产地初加工补助政策范围。在优势产区和关键物流节点，建设木质、非木质林产品精深加工示范园（区），加快新型非热加工、新型杀菌、高效分离、节能干燥、清洁生产等技术应用。推动科企对接、银企对接，引导合作社等新型经营主体发展应用保鲜、储藏、分级、包装等初加工设施，支持林产品特优区就地就近加工转化增值，建成一批带动能力强的特色产品加工、服务基地，延伸产业链、提升价值链、完善利益链。

（7）加快发展林下经济果蔬及特色生态林产品冷链物流。全面构建"全链条、网络化、严标准、可追溯、新模式、高效率"的林副产品现代化冷链物流体系。加快广西石漠化地区各县（市、区）林下经济果蔬及特色生态林产品冷链物流中心等项目建设，完善冷链物流基础设施，健全乡镇冷链物流网络，提高广西石漠化地区各县（市、区）的冷库利用率。加快构建林下经济果蔬及特色生态林产品等重点产业全过程冷链体系，推动供货、运输、配送终端的无缝衔接。加强林下经济果蔬及特色生态林产品冷链物流标准化、信息化建设，支持和鼓励企业开发冷链物流追溯系统。推进冷链物流模式创新，加快引进"盒马鲜生"等冷链龙头企业，发展"冷链配送+连锁零售"和"生鲜电商+冷链宅配"等新型业态模式，推进"互联网+"林下经济果蔬及特色生态林产品冷链物流建设。

（8）加强林产品品牌建设。将林产品品牌创建、培育工作与森林（草原）生态标志产品建设工程紧密结合，建立森林生态标志产品标准体系，开展森林生态标志产品认证，建设森林生态标志产品基地，制定品牌目录，重点做好品牌运营管理、宣传推广和品牌价值提升等工作，树立有影响、有口碑、有市场的"森"级品牌体系。着力开发"独一份""特中特""好中优""错峰头"的特色林产品，把小品种开发成大产业。开展国家级名优新特林草产品体系建设，与森林生态标志产品建设工程相结合，坚持更高标准、更具特色，成熟一个认定一个，继续认定一批产品，建立退出机制，确保真正发挥作用。结合林下经济果蔬及特色生态林产品优势区创建活动，推动每个优势区创建一个特色林产品区域公用品牌，集中连片建设品牌林产品生产基地。注重发挥林业龙头企业、林业专业合作社等新型林业经营主体在林产品品牌创建、培育、经营建设中的主体作用，发挥现代林业产业示范园区带动区域品牌建设的核心作用。大力引进行业知名企业，借助大企业的市场、品牌、资本、人才、技术优势，开发高端产品，占领行业高端，培育林产品以及特色经济林产品高端品牌。加大对品牌林下经济果蔬及特色生态林产品生产经营主体的培训和指导，增强其品牌创建意识，支持中介组织开展品牌申报创建咨询服务工作，搭建品牌创建工作平台。引导和组织第三方进行品牌目录征集、审核推荐、评价认定和培育保护活动。发挥知名品牌的扩散效应和产品聚合效应，以优势企业及名牌产品为核心，整合商标资源，提升知名品牌的美誉度和社会影响力。建立产品质量安全追溯和监控体系，严格落实生产者对产品质量的主体责任、产品标志审核机构对审核结果的连带责任。

（9）加强林产品营销流通体系建设。有条件的地方可探索采取政府股权投资、建立基金等方式，支持林下经济果蔬及特色生态林产品营销流通市场建设。鼓励具备产业优势的地方申办全国性、区域性展会，建立特色林产品展示交易中心。推广短链流通模式，推进产地市场、新型林业经营主体、加工企业与超市、社区、学校等消费端对接，建立林下经济果蔬及特色生态林产品直采直供机制。推动林下经济果蔬及特色生态林产品产地与大城市、大企业之间的产销稳定衔接机制。积极发展林下经济果蔬及特色生态林产品电子商务，创建电子商务孵化平台，发展林下经济果蔬及特色生态林产品网上交易，扩大网上交易规模。推动建立大型电商集团带动新型林业经营主体开展网络营销的机制。建立林下经济果蔬及特色生态林产品电商标准体系，推动林产品产地物流基础设施网络建设。结合林业生态产品生产及流通布局，做好物流冷链主干网建设规划，加快布局区域重要节点大型冷库仓储。激活并用好现有仓储、配送渠道资源，加快建成一批智慧物流配送中心。

（10）促进林业产业区域统筹协调发展。根据区域资源禀赋、产业基础、市场条件，制定中国林业产业发展区域规划，统筹国内与国际、全国与广西、区内与石漠化地区协调发展，做好地区之间、行业之间的协调和衔接，科学引导广西石漠化地区林业产业发展，防止盲目攀比和重复建设，彻底改变"好的不多、多的不好"的问题。合理布局重大林业产业项目，实行分区、分块、分类经营，形成以优势产业和名牌产品为主体的产业带和产业集群，加强上下游产业的紧密联系。强化区域规划引领作用，整合和优化配置林业科技、财政、信贷、保险政策，引导技术、资本、人才等先进要素向广西石漠化地区聚集，提高产业政策的针对性和有效性。

（11）建立市场预警机制。不断充实和完善林下经济果蔬及特色生态林产品市场监测预警体系，以主要林下经济果蔬及特色生态林产品市场价格、成交量监测为主线，紧紧围绕服务国家宏观决策和服务公众的目标，全面开展集贸市场、批发市场、国际市场动态跟踪监测，公布主要林下经济果蔬及特色生态林产品监测预警信息。健全林产品市场信息发布制度，提高市场透明度，发挥好信息引导生产与市场、服务农民的作用，促进林下经济果蔬及特色生态林产品市场健康运行。完善林下经济果蔬及特色生态林产品市场监测体系，建立广西石漠化地区林下经济果蔬及特色生态林产品市场分析专家委员会及专业专家委员会，召开林下经济果蔬及特色生态林产品市场状况季度会商会，及时研讨广西石漠化地区林业产业及林下经济果蔬及特色生态林草产品市场运行情况。

7.2.2 鼓励向待发展地区转移产业与承接产业

坚持"绿水青山就是金山银山"发展理念，实施推动广西石漠化地区产业梯度承接产业转移区域政策，鼓励广西石漠化地区承接不污染环境、不破坏生态、不浪费资源、不搞低水平重复建设的生态林业产业。广西石漠化地区不仅资源禀赋各异且劳动力资源丰富，承接产业转移的空间巨大，需要加快林业全产业链承接产业转移。推动广西石漠化地区深度融入"一带一路"建设、京津冀协同发展、长江经济带建设三大国家战略，与有关国家级新区、自主创新示范区、自由贸易试验区、综合配套改革试验区、承接家具制造等消费品加工业以及生物医药等新兴林业产业转移示范区建立紧密合作关系，在资源禀赋各异的地区全力打造全产业链产业转移示范园区以及区域合作和产业承接发展平台，探索发展"飞地经济"，引导发达地区劳动密集型的林业产业优先向广西石漠化地区转移。继续推进东、西部扶贫协作，加大对口支援力度，推动东、西部地区之间生产要素有序流动，推动东部人才、资金、技术向广西石漠化地区流动，通过政府引导、企业协作、社会帮扶、人才交流、职业培训等多种形式深化全方位扶贫协作，因地制宜发展特色生态林草产业，推动产业转型升级，变"输血"为"造血"，激发广西石漠化地区发展潜力，为广西石漠化地区自我发展创造条件，形成持续反贫困和促发展的有效机制，实现脱真贫、真脱贫、脱贫不返贫。进一步优化广西石漠化地区营商环境，不断提升劳动力素质，逐步实现扩大就业规模、优化就业结构、提升就业质量，为承接东部产业转移创造满足产业转移需求的人才条件，深入挖掘支持产业发展的资源优势。

7.2.3 发展壮大农村集体经济

基于乡村振兴战略以及新型城乡统筹发展政策，鼓励集体林权向广西石漠化地区集体经济组织流转，保障进城落户农户林地承包权、集体收益分配权。鼓励组建不同层级的农村新型集体经济组织，鼓励成立集体性质的公司，发展合作经济，发展集体经济联合体，支持集体经济组织创办农村服务实体，实现资源变资产、资金变股金、农民变股民"三变"改革的重要目标。全面建立村集体经济运行、监管和发展机制。以集体"三资"为主体，统一组织、统一规划、统一耕种、统一收储、统一购销无劳动能力贫困家庭、长期外出务工农民、其他有意愿流转农户的林地发展林业产业，发展适度规模经营，提高广西石漠化地区农民抵御自然风险和市场风险的能力。积极落实农村集体经济发展专项资金，正确引导涉农资金向村集体经济发展项目适度倾斜；有效整合村集体、村民入股等资金，形成稳定的村集体经济收入来源。建立村"两委"以外的具有法人地位的股份制农村集体经济组织，建成农村集体经济组织内部现代化治理结构，以乡村集体林业经营性资产改革为重点，实施好集体统一经营的林地、林木以及其他资产，均股均利，保障农户资产财产权和平等参与权，在保证贫困家庭增收前提下壮大集体林业经济。落实和完善财税减免优惠政策，对村集体所缴的房产税、营业税、土地使用税以及村公共事业建设工程所征的税收，实行税收地方留成部分全额返还。积极协调银行、信用社等金融机构，降低村集体经济发展项目融资门槛，加大对村集体经济发展项目的小额贷款贴息力度，完善村集体经济组织和农业贷款风险补偿政策。

7.3 传承和发扬森林生态文明

生态兴，则文明兴；生态衰，则文明衰。传承中华文明"天人合一"精髓，建设生态文明是关系人民福祉、关乎民族未来，实现中华民族永续发展的千年大计。因此，必须坚决贯彻落实《关于加快推进生态文明建设的意见》《中共中央关于坚持和完善中国特色社会主义制度、推进国家治理体系和治理能力现代化若干重大问题的决定》等文件精神，必须践行"绿水青山就是金山银山"发展理念，坚持节约资源和保护环境的基本国策，让人们对森林的敬畏和审美等意识根深蒂固，形成独具特色的森林文化、草原文化，有效提升文化软实力，推进乡村振兴建设。

7.3.1 实施乡村文化人才培养工程

不断发掘、整理和传承自然生态、历史文化、传统农耕文化与农耕技术、种养模式、生产工艺以及地域特色文化、地域风俗、民谚歌舞、美食名吃等文化遗产，扶持农村非物质文化遗产传承人、民间艺人收徒传艺，传承与发展优秀戏曲曲艺、少数民族文化、民间文化。加强农村基层文化队伍建设，培育和挖掘乡村文化人才，扶持农村舞龙舞狮、广场舞、锣鼓队、自乐班等民间艺术人才队伍建设和发展。以镇村综合文化服务中心为依托，分层次、分类别开展农村文艺骨干培训辅导。组织文化志愿者深入广西石漠化地区开展"文艺下乡"活动，吸引更多乡村文艺达人参与活动。加强对非物质文化遗产传承人的培训和指导，鼓励其积极开展传承活动，培养后继人才。鼓励文艺工作者积极到广西石漠化地区开展采风活动，指导农民进行以浓郁地方特色为主题的文艺创作，充分展示新时代乡村振兴风貌。

7.3.2 挖掘和弘扬生态文化

围绕各地建设各具特色的林业思想、森林植物文化、森林动物文化、动植物图腾与神话、山林游以及森林图腾文化，开展农耕文化未来馆、丝路田园综合体、美食节、摄影采风、农民丰收节、旅游节节庆活动。突出生态文化元素，注重民族文化记忆，规范民俗歌舞表演，以此不断传承广西石漠化地区文化记忆和繁荣乡村文化。把森林文化融入乡规民约，树典型、立标杆、带全面，不断推动"植绿护绿爱绿"意识融入家风家训、村风村貌，树立和倡导乡村文明新风，不断提升乡村生态道德教育水平。广西石漠化地区一般集革命老区、民族地区、民族宗教、边疆地区于一体，需要以文艺创作为手段，挖掘并传承与发扬优秀传统文化。以良好的森林生态环境和古村落、自然生态村落等为依托，以广西石漠化地区农村为经营主体，建设融森林文化与民俗风情于一体，提供吃、住、游、购、娱等服务要素的生态友好型观光休闲"森林人家"集聚区。加强广西石漠化地区公共文化服务体系建设，提高服务效能，积极推进公共数字文化建设。推进广西石漠化地区建制村接通符合国家标准的互联网，努力消除"数字鸿沟"带来的差距。

7.4 建设宜居的生态环境

坚持生态发展理念，全力推进绿化美化工程建设，营造干净、整洁、美丽、宜居的生活环境，改善生态宜居条件，完善乡村功能、提升乡村形象，实现村庄环境基本整洁有序，建设生态宜居美丽乡村，加快补齐农村人居环境突出短板，不断增强广西石漠化地区群众获得感、幸福感。

7.4.1 巩固和提升生态环境保护成效

继续完善和实施退耕还林工程、天然林资源保护工程、喀斯特地区石漠化综合治理工程、湿地保护与恢复工程等重大林业生态工程，优先安排广西石漠化地区新一轮退耕还林任务，支持广西石漠化地区开展各类生态文明试点示范。加强自然保护区建设与管理，支持在符合条件的广西石漠化地区开展国家公园设立试点。由政府主导，推动建立流域下游政府、企业、村集体等不同主体参与流域上中游地区植树造林机制，探索珠江流域下游地区政府、企业以及村集体通过租地造林、流转造林、合作造林、认建认养造林等模式支持广西石漠化地区植树造林，拓宽东、西部帮扶的途径。探索先造后补、以奖代补、赎买租赁、贴息保险、以地换绿等多种方式，引导企业、集体、个人、社会组织等投资造林绿化。创新绿化管护制度、长效管养机制，提升脱贫户参与造林积极性和广西石漠化地绿化水平。在生态重要区域优先开展树种结构调整优化，加大自然保护区、森林公园、湿地公园等自然保护地建设力度。

7.4.2 多样化措施建设宜居环境

推动实现乡村绿化、美化、亮化，农村人居环境显著改善。结合各具特色乡村修缮建设规划，因地制宜地抓好扶贫搬迁地与乡村村落的庭院绿化和街道绿化建设，持续建设秀美村庄、绿化乡镇街道、绿化休闲娱乐公园，构建覆盖全面、布局合理、结构优化的扶贫搬迁地与乡村村落绿化体系。围绕美丽乡村建设的科学内涵，将绿色发展理念结合各具特色乡村修缮建设规划，因地制宜地提出乡村庭院绿化和街道绿化措施，构建覆盖全面、布局合理、结构优化的乡村亮化、绿化、美化体系，建设独具特色的"一村一品、一村一景、一村一韵"的精品乡村和"一乡一特、一乡多景、一乡多味"的特色小镇。将"美丽庭院"创建、村庄绿化美化等有机结合，促进"外在美"向"内在美"、"一时美"向"持续美"转变接续推进。有序升级整体环境功能功效，着力建设青山常在、绿水长流、空气常新的美丽乡村，让广大群众望得见山、看得见水。结合村庄环境整治、水环境整治、文明城市创建等工作，逐步形成完善的健康卫生创建体系。建立健全垃圾清运、卫生保洁、河道管理等卫生长效管理机制，努力将广西石漠化地区打造为和谐、自然的居住环境。

7.5　创新林区治理体系

贯彻落实中共中央办公厅、国务院办公厅印发的《关于加强和改进乡村治理的指导意见》文件精神，以民主选举、民主协商、民主决策、民主管理、民主监督为重点，不断健全党组织领导下的村民自治制度，完善共建、共治、共享的社会治理制度，发挥制度优势，提升治理效能，不断提高基层治理水平，坚持自治、法治、德治相结合，确保乡村林业治理走向多元互动、民主合作、和谐有序的治理体系，逐步实现治理体系和治理能力现代化。

完善承包地"三权分置"制度，推动土地资源的规范使用；建立起广西石漠化地区市、县、乡、村四级林权流转管理服务平台体系，科学、规范、合理地流转林草产权；探索重点生态区位林地赎买制度，破解生态保护与林农利益的矛盾；深化国有林场改革，促进国有林场可持续发展。深化集体林地林木采伐审批改革，逐步实现依据森林经营方案确定采伐限额，改进林木采伐管理服务。建设林业基础数据库、资源监管体系、林权管理系统和林区综合服务公共平台。强化乡镇林业工作站公共服务职能，全面推行"一站式、全程代理"服务。发挥好行业组织在促进林业产业发展方面的作用。研究制定生态护林员管理条例，明确生态护林员工作职责，提高护林员森林管护效率，加大护林员生态环境保护力度。健全集体林地经营纠纷调解处理工作制度，建立健全乡村调解、县市仲裁、司法保障的林权纠纷调解处理机制。努力提高调解处理集体林地经营纠纷的能力和水平，建立律师、公证机构参与纠纷处理的工作机制，建立仲裁员、调解员培训工作制度。建立健全林业法律援助服务体系，开设林业法律救助绿色通道，依法依规向广西石漠化地区低收入家庭和贫困农户提供法律援助和司法救助。开展林业普法宣传，加大对广西石漠化地区林业生产者与经营者的普法宣传教育。形成合作互动、共建共享、共谋共管的现代乡村林业治理组织体系。维护各类乡村治理主体的法人地位和权利，增强广西石漠化地区林业治理的组织力量，扩大广西石漠化地区林业治理的主体范围。

开展"林业道德模范""最美林业家庭""生态文明村镇"等评选活动，开展寻找"最美乡村护林员"、造林能手、生态保护者等活动，发挥乡贤林业道德感召力量，促进乡村林区社会和谐稳定，形成守望相助、崇德向善的文明乡风。将保护农村环境、古树名木和爱绿增绿等要求纳入乡规民约，依托乡规民约褒扬善行义举，贬斥失德失范行为，推进乡村移风易俗，育成新风尚。开展林业创业创新"带头人"宣传工作，从新型职业农民、农村实用人才、技术能手、大学生"村官"等群体中，挖掘并宣传一批有思想、有文化、懂经营、善管理、敢闯敢干、敢为人先、勤于耕耘的农民创业创新典型。

完善社会治理体系，健全党组织领导的自治、法治、德治相结合的城乡基层治理体系，完善基层民主协商制度，实现政府治理同社会调节、居民自治良性互动，建设人人有责、人人尽责、人人享有的待发展地区乡村治理体系。加强城乡社区治理和服务体系建设，减轻基层特别是村级组织负担，加强基层社会治理队伍建设，构建网格化管理、精细化服务、信息化支撑、开放共享的基层管理服务平台。

7.6 夯实和巩固林业生态扶贫脱贫成果的兜底保障制度基础

夯实兜底保障制度基础，做好最低"生态+脱贫"生活保障，将符合条件的生活仍然困难的老年人、未成年人、重度残疾人和重病患者都纳入低保或特困救助的政策范围；持续推进产业扶贫和就业扶贫，继续开展生态护林员选聘工作，建立多种形式的利益联结机制，防止群体性返贫致贫，增强贫困群众获得感、幸福感和安全感，确保高质量进入全面小康社会。

7.6.1 继续开展生态护林员选聘工作

积极落实《国家林业局办公室、财政部办公厅、国务院扶贫办行政人事司关于开展建档立卡贫困人口生态护林员选聘工作的通知》（林规发〔2016〕171号）、《国家林业局办公室关于加强建档立卡贫困人口生态护林员管理工作的通知》（办规字〔2017〕123号）、《国家林业局计财司关于规范建档立卡贫困人口生态护林员续聘选聘工作的通知》（规山函〔2017〕245号）、《国家林业局办公室、财政部办公厅、国务院扶贫办综合司关于开展2017年度建档立卡贫困人口生态护林员选聘工作的通知》（林规发〔2017〕107号）、《国家林业和草原局办公室、财政部办公厅、国务院扶贫办综合司关于开展2018年度建档立卡贫困人口生态护林员选聘工作的通知》（办规字〔2018〕130号）等文件精神，继续组织好广西石漠化地区生态护林员选聘，积极开展重点生态功能区等公益林、湿地等资源管护工作。完善生态护林员选聘和管理制度，支持政府提供更多生态公益性岗位，吸纳更多贫困家庭参与生态环境建设。广西石漠化地区各县（市、区）可以结合实际情况统筹考虑上一年度选聘的生态护林员管护补助标准、管护面积、管护难度和现有生态护林员劳务补助水平等因素确定年度具体补助标准，完善动态管理工作，加强监督与管理。乡镇人民政府统一管理并加强选聘与护林工作考核，乡镇林业工作站协助管理。此外，可将生活在生态脆弱地区的返贫户转为生态保护人员等，实现生态就业致富。

7.6.2 做好最低"生态+脱贫"生活保障工作

不断完善广西石漠化地区最低生活保障制度，对无法依靠产业扶持和就业帮助脱贫的家庭实行政策性兜底保障。积极实施健康扶贫工程，保障贫困人口享有基本医疗卫生服务，防止因病致贫、因病返贫。继续加强广西石漠化地区的生态工程建设力度，优先安排低收入群体参与生态项目建设。组织落实扶贫项目，积极引导社会资金参与经济薄弱村、低收入农户牧民的产业发展支持计划；参与整合涉农资金，帮助、指导脱贫户与返贫户发展林下经济、木本油料、特色经济林、虫草等林草产业。继续推进挂钩帮扶工作，确保实施的林业产业帮扶项目能够长期发挥作用、受帮扶对象能够明显增强自我发展能力。创新产业扶贫机制，鼓励和支持发展地区林业龙头企业、林业专业合作社吸收周边农户参与林业生产经营活动，密切周边林农的利益联结关系，增强广西石漠化地区林农自身"造血"功能。鼓励林业龙头企业、林业经济合作组织以及东部沿海发达地区到广西石漠化地区兴办企业、发展特色种植养殖产业等，鼓励优先让贫困人口就近就业，并推动贫困家庭自身发展林业产业。大力实施生态效益直补政策扶贫工程，支持广西石漠化地区农村中小型公益性基础设施建设，增加贫困人口财政性收入。加大以工代赈投入力度，鼓励返贫或低收入群体参与以工代赈公益性岗位，以便其更好地融入社会。健全广西石漠化地区居家养老服务基础设施，丰富农村居家养老服务内容，创新农村居家养老服务模式，完善农村居家养老服务体系，不断提升广西石漠化地区乡村振兴效率。

7.6.3 建立多种形式的利益联结机制

引导龙头企业在互惠互利基础上，与林农、家庭林场、林业合作社签订农畜产品购销合同，合理确定收购价格，通过保底价收购、利润返还、建立风险基金等方式，形成稳定的购销关系。大力培育以林业重点龙头企业为核心、林业经济合作组织为纽带、林业专业合作社和林业大户为基础的林业产业化联合体，鼓励为贫困家庭提供生产、供销、金融、技术、信息、品牌等服务。大力推行订单生产，鼓励龙头企业与农民、牧民、专业合作组织建立长期稳定的购销关系。推广公司带基地、基地连贫困家庭的经营形式，以入股分红、利润返还、贷款担保、林地流转等方式形成紧密的利益共同体，让贫困家庭合理分享林业发展收益。建立林业企业以及事业单位联农带农激励机制，引导林业企事业单位为贫困家庭提供林地与林木代管、统一经营作业、订单林业等专业化服务工作，提升贫困家庭林地经营效益。将利益联结工作与林业第一二三产业融合、林业生态扶贫等工作相结合，推动全产业链提质增效，拓展企业与贫困家庭之间利益联结与利益共享空间。鼓励以土地、林地为基础的各种形式合作，采取"保底收益+按股分红"等形式，让农民分享到加工、销售环节收益。引导龙头企业和农民通过双向入股进行利益联结，探索形成以农户承包土地、林地经营权入股的股份合作社、股份合作制企业利润分配机制，切实保障土地、林地经营权入股部分的收益。

7.7 完善法人（团队）科技特派员制度

随着广西各地深入推进科技特派员制度建设，科技特派员成为助力全面乡村振兴的重要科技服务支撑力量。科技带动力有限、工作支持力度不够、经费投入力度不足、激励机制有待完善等因素制约着科技特派员制度持续、健康发展。然而，法人（团队）科技特派员却不断发挥协作创新创业、科技服务和成果转化的作用。科学技术进步、产业组织模式创新等对全面推进乡村振兴提出了更高要求，福建、宁夏等省（区）提出要培育一批法人（团队）科技特派员，广西如何顺应趋势，改变单向单个科技特派员服务向法人（团队）科技特派员队伍推进，形成工作合力，助推乡村振兴效率提升，成为当下一项现实而紧迫的问题。为此，本研究经过调查研究，提出如下意见和建议。

7.7.1　完善扶持政策体系

联合科研院所、农业企业建立科技特派员工作站、共建新型研发机构和推进校企科技合作等方式，构建起法人（团队）科技特派员服务地方经济的"绿色通道"。借鉴宁夏的做法，同等条件下优先支持法人科技特派员申报的各类科技计划项目，自主开展研发活动的，符合广西壮族自治区企业科技创新后补助规定的，按规定给予支持。进一步加强和规范科技特派员管理，全面掌握科技特派员工作实绩，激发科技特派员基层创新创业活力，开展科技特派员工作绩效评价。借鉴福建的做法，打造利益共同体激励新机制，大力推广科技特派员的"南平模式"，高位嫁接引进"高精尖"短缺人才，建立科技特派服务团和专业服务队，积极推动"科技特派员服务规范"建设，完善利益共同体、"科特贷"、风险投资等保障机制，精准服务绿色产业和全面推进乡村振兴。

7.7.2　创新选派模式

贯彻落实人力资源和社会保障部印发的《关于进一步支持和鼓励事业单位科研人员创新创业的指导意见》文件精神，激发科研院所等事业单位科研人员科技创新活力和科技成果转化创业热情，依托科研院所、农业龙头企业以及国家和自治区级农业科技园区等农业科技单位，按照双向选择、按需选任、精准对接的要求，改"选派"为"选任"法人（团队）科技特派员，选任更合适的科技特派员到最需要的地方去，推动形成"基层提出需求、市县主动认领、自治区统筹安排"的"订单式"需求对接模式，以及高校、科研院所、企业主动发布科研成果为广大农民、经济实体提供"菜单式"服务供给模式，科学引导法人（团队）科技特派员队伍建设。

7.7.3　健全乡村振兴服务体系

围绕高质高效栽培、烘干储藏、冷链物流、营养成分提取以及农产品生产加工和储存、副产物综合利用等薄弱环节，加强技术的示范推广，建设法人

（团队）科技特派员创业基地和农业科技成果孵化基地。基于多种形式的利益联结机制，合理有序整理村集体资源，发展村集体经济。基于科技特派员法人（团队）的技术、项目、资金等要素，鼓励村集体经济组织建立农产品分检、包装、储存、冷库、配送等村集体经济基础设施。持续推动物联网、云计算、大数据、5G 通信、移动互联、智慧农业、智慧物流等先进技术在农业农村领域的研发及应用，加快建设覆盖市、县、区"互联网+农业技术"模式的法人（团队）科技特派员服务云平台，为法人（团队）科技特派员开展精准服务、远程服务、动态服务提供信息化支持。完善科技培训体制机制，将合作社、家庭农场等新型经营主体培育成为农业农村高科技领军人才、农业农村科技创新人才、农业农村科技推广人才。

8 林业生态扶贫脱贫成果巩固与广西石漠化地区乡村振兴政策衔接机制保障运行措施

坚持党的领导，实施领导责任制，强化统筹管理和系统衔接，加强人、财、物、土地等要素保障与政策支持，最大限度地满足广西石漠化地区各类主体实施林业生态扶贫政策接续的需要。

8.1 发挥行政机关的引导与领导作用

中国共产党第十九届中央委员会第五次全体会议公报提出"巩固拓展脱贫攻坚成果同乡村振兴有效衔接"；在第十四届全国人民代表大会第一次会议上，政府工作报告提出"发展乡村特色产业，拓宽农民增收致富渠道。巩固拓展脱贫攻坚成果，坚决防止出现规模性返贫。推进乡村建设行动"。为实现以上目标，我们要坚持国家发展改革委、财政部、国家林业和草原局等部门总揽全局、协调各方，发挥各级党委（党组）在林业生态扶贫脱贫成果巩固与广西石漠化地区乡村振兴政策接续实施过程中的领导核心作用，认真落实各级政府及其林业行政管理部门在林业生态扶贫接续政策实施过程中的主体责任，形成党委领导、政府负总责、党政各职能部门统筹协调的广西石漠化地区经济与社会发展工作领导体制，强化举措、实化项目，配置上相互协调，形成落实重要支撑和抓手，确保重大林业生态扶贫接续政策落实等方面保持一致；"上下同欲者胜"，必须积极落实"党政'一把手'是第一责任人，省市县乡村五级书记一起抓，林业行政管理'一把手'是主体责任人"等机制，各部门要按照职责，协同配合供给的生态资源要素和完善的制度体系，形成广西石漠化地区乡村振兴工作合力，发挥"集中力量办大事"的显著优势，全力推进林业生态扶贫脱贫成果巩固与广西石漠化地区乡村振兴政策衔接的各项工作；积极发挥党领导下的工会、共青团、妇联、社会组织等群团组织和社会组织在实施林业生态扶贫脱贫成果巩固与广西石漠化地区乡村振兴政策接续过程中的作用，畅通和规范市场主体、新社会阶层、社会工作者和志愿者等参与实施林业生态扶贫接续政策的途径。建立市、县党政领导班子和林业行政管理部门领导干部推进林业生态扶贫脱贫成果巩固的政策实施的绩效考评考核制度体系，建议广西石漠化地区各级党委、政府将考核结果作为选拔和任用领导干部的重要依据。

8.2　加强复合型人才培养，促进复合型人才潜力发挥

积极营造广西石漠化地区林业产业健康成长环境，培育壮大新型林业经营主体；积极挖掘培养本土人才，为乡村发展持续培养乡土人才；多渠道、多方位吸引与留住外来人才，为广西石漠化地区乡村振兴提供智力支持。营造政策激励环境，建立科学的人才评价体系，为人才提供更优厚的待遇，为人才提供更宽广的发展路径，聚集起广西石漠化地区乡村振兴所需的各种资源要素，搭建起更大的事业平台，广开进贤之路，广纳天下英才，让土生土长的乡土人才、四面八方的下乡人才留得安心、发展更有信心，林业生态扶贫脱贫成果巩固与广西石漠化地区乡村振兴政策衔接的效果才能更加显著。

8.2.1　培育壮大新型林业经营主体

积极探索建立专业化林业服务组织，不断壮大林业企业，规范发展林业专业合作社，大力发展家庭林场，扶持各类林业专业大户，鼓励和支持各类新型林业经营主体竞相发展，积极打造集约化、专业化、组织化、社会化相结合的新型林业经营体系。鼓励返乡人员创办领办专业化林业服务组织、林业企业、林业专业合作社、家庭林场、林业专业大户等新型林业经营主体。支持基于资源优化配置的互利互惠、共享共赢的不同经营主体组合的农民合作社发展。通过林地流转，发展带动能力强、适度规模经营的林业专业大户；鼓励有林业经营特长的林业专业大户发展成为家庭林场；鼓励和支持职业林农、林业专业大户、家庭林场、涉林企业等牵头组建各类林业专业合作社。鼓励和引导各类社会资本参与林业生产经营，推进适度规模经营，释放林业发展新动能，以整合规模、提升效益、精深加工、冷链储运、连锁经营、产销对接、电子商务为集

体林（草）业改革创新重点，创建推动广西石漠化地区林业经济发展的新型林业经营主体。鼓励家庭林场、林业专业合作社、股份合作林场、林业龙头企业等新型林业经营主体采取区域性资源整合运作模式，开展合作经营、代管经营、多元开发等专业化业务，积极引导适度规模经营发展，建立和完善稳定的利益联结机制，提高广西石漠化地区林农组织化水平和抗风险能力。出台相关法规和规范性文件，引导新型林草经营主体健康发展。支持新型林业经营主体通过土地托管、牲畜托养、吸收林业地经营权入股等途径，建立全产业链服务体系，实现脱贫户稳定增收。

8.2.2　加大人才培养与留村力度

建立林业产业发展"带头人"培养机制。根据广西石漠化地区资源禀赋优势以及产业发展趋势，选拔愿意返乡工作的应届毕业生到全国各高校深造学习，在贫困地区发现、挖掘与培养致富能手，从各个领域遴选符合广西石漠化地区乡村发展需要并愿意在边远乡村奉献发展的人才。建立"传帮带""干中学""轮岗挂职"等相结合的"带头人"培养体系，储备促进广西石漠化地区乡村发展后备"带头人"人才。完善广西石漠化地区人才引进机制，建立超过发达地区工资待遇的"带头人"人才引进奖励基金，创新人才创新收益分配模式，实现以优厚待遇与更好环境条件吸引乡村发展的"带头人"人才。建立林业专业人才、科技特派员和创业创新"带头人"等各类专家对口联系制度，及时为在广西石漠化地区进行林业创业创新的个人和企业开展技术指导和跟踪服务。吸引创业人才返乡入乡创业。农村创业创新是增加农民就业和收入、繁荣广西石漠化地区乡村产业的重要途径。广西石漠化地区要积极深入推进"放管服"改革，优化农村创业创新环境，吸引各类人才返乡入乡创业创新，持续拓展农民就业空间和增收渠道。依托禀赋各异的林业生资源优势，支持广西石漠化地区因地制宜地建设各类林业创新创业平台。

建立广西石漠化地区职业技能培训体系。开展林业科技培训工程，启动"百县千村万户林业科技示范"行动，实施百万林农培训计划，让林农知悉强林惠农政策，掌握应用技术和管理技能。加强广西石漠化地区农民普通话培训力度，逐步提升农民运用国家通用语言文字的能力。加强对农民林草生产技能的普及性培训，提升农民从事林下经济、木本油料产业发展的基本技能。针对新型林业经营主体生产与经营管理能力，开展以林业生产技术、农场管理、市场营销等为主要内容的专题实训。搭建传统林业生产与经营的技能、技艺等传承和应用平台，鼓励优秀传统林业生产与经营技术非物质文化遗产传承人、传统林草工艺工匠等乡土人才广传技艺，不断提升广西石漠化地区农民创业能力与水平。

8.2.3 加强科研人才引进与培养工作

积极对接林业科研杰出人才计划和杰出青年林业科学家等重大人才计划，因地制宜引进国内外林业技术类"高精尖"人才，从个税返还、创业扶持、住房优惠、专项基金奖励等方面制定和落实广西石漠化地区林业高端人才引进奖励政策，不断激发人才在林业生态扶贫脱贫成果巩固与乡村振兴政策接续实施过程中的科技创新引领作用。研究实施直接面向广西石漠化地区的林业人才支持项目，支持广西石漠化地区相关单位申报设立林业院士工作站和博士后科研工作站。深入推行科技特派员制度，支持科技特派员到广西石漠化地区开展创业式扶贫服务。支持科研院所、高等学校的科研人员到广西石漠化地区挂职锻炼，鼓励和引导科研机构和科技特派员根据所在村落农村资源禀赋等情况为农村开展实用技术开发服务。鼓励具有一定营销经验的行政人员或企业领导干部到广西石漠化地区挂职驻村干部，充分利用其丰富的市场开拓和市场经营经验以及营销网络解决产品销售的后顾之忧。建立健全增值服务合理取酬机制、知识产权转化效益分配机制，允许科技特派员参与产出效益分配，不仅给予职务科技成果完成人员财政补贴，而且对完成科技成果转化的重大人才计划引进人才、"高精尖"人才、科研院所的科研人员以及行政人员或企业领导干部，按照实际生产总值的5%给予财政补贴，提高各方推动科技成果转化的积极性。构建集少数民族学生培养、定向培养、专项培养于一体的人才培养体系，完善林业产业发展的人才培养机制，源源不断地为实施林业生态扶贫接续政策提供重要的人才与智力保障。

围绕经济林、珍稀用材林、林下经济、竹藤花卉等资源高效培育与开发利用，有针对性地遴选林业专家研发推广优质高产新品种培育、高效经营、种植养殖、精深加工等实用型林业新技术。依托"林业科技周""科技下乡""科技列车行""赶科技大集"等多种形式的科技服务活动，把先进实用的科技送到广西石漠化地区山头地坡。积极培育活跃在广西石漠化地区生产一线的具有一技之长或特殊技艺的乡土技术专家，组织乡土人才到相关林业院校、林业职业技术学院、技术培训基地进行深造，培养一批技术过硬、乐于奉献、带动致富作用显著的乡土专家。鼓励各类培训资源参与培训，支持各类科研院所、东部地区高新技术企业、林业龙头企业等到广西石漠化地区建立各类创业创新实训基地。完善从事林业技术推广的林业专家的支持制度，提升政府购买林业生产与经营服务的能力，不仅保障为巩固林业生态扶贫脱贫成果做出重要贡献的技术人员提供超过发达地区的工资待遇，而且职称晋升优先考虑到广西石漠化地区工作的专业人才，以此吸引更多林业技术专家服务广西石漠化地区。完善巩固扶贫脱贫成果的表彰与奖励制度，表彰优秀专家、有突出贡献企业家、无私奉献的林业专家为巩固扶贫脱贫成果做出的突出贡献，表彰做出贡献的新乡贤、下乡服务人才。

8.3 加大财税金融政策支持力度

加强支持林业产业发展的财政转移支付力度。加强林业生态扶贫与广西石漠化地区乡村振兴政策接续实施的资金保障，围绕重大工程、重大项目和重大政策要求落实专项资金。整合退耕还林保障金、防护林保障金、中央财政林业生态补助资金、财政扶贫资金、现代农业发展资金、农业综合开发资金等相关资金，集中支持带动能力强的林下经济产业、木本油料产业、特色经济林产业以及发展营林生产、精深加工林业企业、"5G+林业"等新兴林业产业发展，并对符合规定条件的林木育种与育苗产业、林下经济产业、木本油料产业、特色经济林产业等贷款项目予以财政贴息支持。建立以政府投入为引导，积极引导企业和专业合作组织等社会组织及其他市场主体对林草生态扶贫的多元化参与的投入机制。不断完善国家级、省级公益林生态补偿标准动态调整机制，正确引导社会资本加大投入力度，健全多元化、多渠道投入补偿制度体系，保障和维护农民的财产权益。鼓励广西石漠化地区通过创新 PPP 模式、政府购买服务等融资模式，吸引社会资本以及社保基金、保险、信贷等各类资金以多种形式支持林业生态扶贫与广西石漠化地区乡村振兴政策接续实施。健全区际生态公益林补偿等机制，更好地促进珠江下游地区和广西石漠化地区、东中部与西部地区共同发展。完善横向公益林生态补偿转移支付制度，加大财政支持力度，逐步实现广西石漠化地区基本公共服务均等化，逐渐缩小城乡差距。

完善林业金融服务体系。建立金融服务绿色通道，为广西石漠化地区林业龙头企业在征信、信贷、上市等方面提供金融服务支持，鼓励金融机构将广西石漠化地区林业生态产业贷款利率降低至小微企业贷款水平，降低林农林权抵押贷款成本。放宽林业权抵押贷款抵押物范围，合理确定贷款额度、贷款利率、贷款期限，降低贷款门槛，下放贷款审批权限，减少贷款审批环节，简化贷款手续，有效缓解广西石漠化地区集体林区生产资金"贷款难、成本高"

等问题。支持农村信用合作社联社等地方金融机构为广西石漠化地区返贫或刚脱贫的农户提供免抵押、免担保的优惠小额贷款，由地方财政分别按基础利率贴息。制定乡村振兴小额信贷政策体系，对在家且有创业意愿并具有一定技能的农户发放小额贴息贷款，支持广西石漠化地区农户积极发展林木育种与育苗产业、林下经济产业、木本油料产业、特色经济林产业等特色优势产业。创建贷款风险补偿基金，推广"政银担""政银保"等模式，加大对带贫致富成效突出的龙头企业、林草合作社、创业致富"带头人"等新型林业经营主体的信贷支持力度。在风险可控的前提下，对确因客观原因未能及时还款的农户，可协助其办理贷款展期业务。设立由地方政府出资的融资担保机构，重点开展推进广西石漠化地区乡村振兴担保业务。规范信用担保、质押担保等抵（质）押担保形式，吸引更多金融资本、社会资本支持。对符合条件的返乡创业人员，积极引导地方各金融机构为其申请相关支农、涉农信贷资金和中小企业发展专项资金。

加快林业保险高质量发展。深化林业供给侧结构性改革，按照适应保护林农利益、支持林业发展和"扩面、增品、提标"的要求，进一步完善广西石漠化地区林业保险政策，提高林业保险服务能力，优化林业保险运行机制，推动广西石漠化地区林业保险高质量发展。持续推进林产业森林保险应保尽保、及时理赔，完善大灾保险、完全成本保险等高保障产品的投保机制。扩大广西石漠化地区林业保险覆盖面，通过申请中央财政以奖代补等方式支持广西石漠化地区"1+2N"保险发展。试点建设"林长制护林保"。完善油茶产业、林下经济产业以及特色经济林等林业产业的森林保险制度体系。探索发展乡村振兴小额贷款保证保险。试点特色经济林、林下经济等林产品价格保险制度体系，允许向条件许可的石漠化地区给予一定保费补贴。推进由国家和省级财政共同出资建立涉林业信贷风险救济基金，用于受不可抗力影响的林业生态创新创业项目的合法合规涉林业贷款的风险补偿。

8.4 保障土地供应

2020 年中央 1 号文件要求：新编县乡级国土空间规划应安排不少于 10%的建设用地指标，重点保障乡村产业发展用地。省级制定土地利用年度计划时，应安排至少5%新增建设用地指标，保障乡村重点产业和项目用地①。这意味着可以将配建的从事林下经济等林业生产经营的各类辅助设施用地纳入林业用地管理，合理确定厂房、房屋、道路等辅助设施用地规模上限，为广西石漠化地区发展林业产业提供必需的辅助设施。因此，推进林业生态扶贫与广西石漠化地区乡村振兴政策接续实施，需要按照2020年中央1号文件要求，做好国土空间规划在林草生态扶贫与广西石漠化地区乡村振兴政策衔接支持工作，科学编制产业发展规划，拓宽用地保障渠道，为林业生态扶贫脱贫成果巩固与广西石漠化地区乡村振兴政策接续实施开辟"绿色通道"，以解决广西石漠化地区林业产业发展"用地难"等问题。注重与自然资源、城乡建设等规划相衔接，对于不涉及占用永久基本农田和不触及生态保护红线的林下经济、特殊经济林产品等保鲜冷藏、晾晒存储等设施的建设用地，可以依法合规使用一般林地。针对带动农民就业和家庭增收作用较大、产业发展前景好的森林旅游、乡村旅游和"森林人家"等项目，应给予建设用地指标扶持；发展景观农业、农事体验、观光采摘、研学教育、休闲垂钓等业态，用好农用地；有效开发"四荒地"（荒山、荒沟、荒丘、荒滩），发展休闲农（牧、渔）园、"森林人家"、健康氧吧、生态体验、特色动植物观赏等业态。优先保障广西石漠化地区集体经济组织产业发展用地，以确保集体经济组织产业用地应保尽保。落实广西石漠化地区发展现代林业、林业产品加工业、生态休闲和乡村旅游等用地政策。鼓励返乡下乡创业创新人员利用"四荒地"等林地发展林业产业。支持广西石漠化地区农村集体经济组织依法使用农村集体建设用地或以土地使用权入股、联营等方式与其他单位或个人共同兴办企业。

8.5 加大科技支持力度

整合林业科研院所等科技资源，组建林业技术专家团队，建立林业产业技术联盟，形成支持广西石漠化地区发展的林业产、学、研、用紧密结合的发展机制。引导和支持林业科技创新，积极研发突破林业良种培育、优质丰产栽培、生态循环利用、现代林业信息、林业装备制造、林产品储藏加工等方面的关键技术，加大广西石漠化地区无公害、绿色和有机产品的开发和推广力度。

---

① 中国政府网.中共中央 国务院关于抓好"三农"领域重点工作 确保如期实现全面小康的意见[EB/OL].http://www.gov.cn/zhengce/2020-02/05/content_5474884.htm.

加快广西石漠化地区优质高产新品种的选育和推广，优化品种结构，淘汰不良品种，全面提升良种生产水平。新建和扩建优势特色经济林良种苗木生产基地，保障广西石漠化地区良种壮苗充足供应。积极打造各具特色的木本油料、特色经济林、林下经济、竹藤花卉等示范基地。加速科技成果转化和市场化开发，发挥产、学、研协同创新作用，提升企业科技创新和产业研发能力，支撑林业产业升级转型。加强广西石漠化地区林业科学数据采集、林业科技成果交易、林业知识产权信息服务、林木种质资源、林产品质量检验检测等林业科技服务平台建设，创新科技公共服务模式，积极探索"互联网+林业科技"林业产业发展方式，构建线上线下相结合的新型林业科技服务体系，为林农提供全方位林业科技服务，不断提升林业科技服务水平，逐渐提高林业生态扶贫脱贫成果巩固与乡村振兴政策衔接效率，加快推进农业农村现代化，让广西石漠化地区农民过上更加美好的生活。

参考文献

中文文献

［1］白先春，宦颖洁. 公益岗位扶贫的对象特征及脱贫效果研究［J］. 调研世界，2020（4）：17-23.

［2］白杨，李媛媛. 政府精准扶贫绩效管理水平评价指标体系的构建研究［J］. 齐齐哈尔大学学报（哲学社会科学版），2018（4）：61-63.

［3］蔡进，禹洋春，邱继勤. 国家精准扶贫政策对贫困户脱贫增收的效果评价：基于双重差分模型的检验［J］. 人文地理，2019，34（2）：90-96.

［4］曾勇. 中国东西扶贫协作绩效研究［D］. 上海：华东师范大学，2017.

［5］查燕，王惠荣，蔡典雄，等. 宁夏生态扶贫现状与发展战略研究［J］. 中国农业资源与区划，2012，33（1）：79-83.

［6］陈甲. 林业精准扶贫绩效评价研究［J］. 农场经济管理，2018（11）：45-49.

［7］戴莹. 精准扶贫工作绩效考核的指标体系的构建与运用［J］. 劳动保障世界，2017（14）：23-24，26.

［8］丁珮琪，夏维力. 科技扶贫需求与政策供给匹配效果研究：来自商洛市的经验证据［J］. 华东经济管理，2020，34（8）：95-104.

［9］段妍珺. 贵州省精准扶贫绩效研究［D］. 贵阳：贵州大学，2016.

［10］范丹雪. 临夏回族自治州生态扶贫的机理与绩效研究［D］. 兰州：兰州大学，2018.

［11］高其. 丽江市政府精准扶贫绩效评价研究［D］. 昆明：云南财经大学，2018.

［12］公梓安. 甘肃省生态扶贫对策研究［D］. 兰州：兰州大学，2017.

［13］韩文洪. 林业产业化建设与山区脱贫：云南省镇雄县杉树乡林业扶贫案例［J］. 绿色中国，2005（4）：58-60.

［14］胡联.贫困地区农民专业合作社与贫困户收入增长：基于双重差分法的实证分析［J］.财经科学，2014（12）：117-126.

［15］胡善平，杭琍.我国精准扶贫绩效考核指标体系构建研究［J］.桂海论丛，2017，33（4）：82-90.

［16］胡善平，杭琍.中国特色社会主义精准扶贫绩效考核指标体系构建研究［J］.牡丹江师范学院学报（哲学社会科学版），2017（2）：64-73.

［17］黄金梓.精准生态扶贫刍论［J］.湖南农业科学，2016（4）：103-107，111.

［18］黄启学，凌经球.滇桂黔石漠化片区贫困农民可持续生计优化策略探究［J］.西南民族大学学报（人文社科版），2015，36（5）：30-37.

［19］黄贞.共生视域下民族扶贫政策评估研究：以湖南省慈利县扶贫评估为例［J］.青海民族研究，2015，26（3）：55-59.

［20］焦玉海，杨洁.保护生态与精准脱贫的双赢之策：林业推进精准扶贫精准脱贫综述［J］.经济林研究，2017，35（2）：2，233.

［21］金旭东.西北民族地区县域扶贫开发绩效评估［D］.兰州：兰州大学，2015.

［22］郎亮明，张彤，陆迁.基于产业示范站的科技扶贫模式及其减贫效应［J］.西北农林科技大学学报（社会科学版），2020，20（1）：9-18.

［23］李鹤.云南省红河州精准扶贫绩效评价研究［D］.昆明：云南农业大学，2017.

［24］李苗，崔军.中央财政专项扶贫资金绩效评价指标体系构建［J］.行政管理改革，2017（10）：65-71.

［25］李绍平，李帆，董永庆.集中连片特困地区减贫政策效应评估：基于PSM-DID方法的检验［J］.改革，2018（12）：142-155.

［26］李仙娥，李倩，牛国欣.构建集中连片特困区生态减贫的长效机制：以陕西省白河县为例［J］.生态经济，2014，30（4）：115-118.

［27］李晓梦，涂燕，王岩.探索镇平县生态扶贫建设新路子［J］.现代园艺，2018（22）：219.

［28］林文树，周沫，吴金卓.基于SWOT-AHP的黑龙江省林下经济发展战略分析［J］.森林工程，2014（30）：172-177，181.

［29］谢晨，谷振宾，赵金成，等.我国林业重点工程社会经济效益监测十年回顾：成效、经验与展望［J］.林业经济，2014，37（1）：10-21.

［30］刘明月，陈菲菲，汪三贵，等.产业扶贫基金的运行机制与效果

[J]. 中国软科学，2019（7）：25-34.

　　[31] 龙海军，丁建军. "人—业—地"综合减贫分析框架下的精准扶贫政策评价：两个典型贫困村的对比分析 [J]. 资源开发与市场，2017，33（11）：1384-1390.

　　[32] 罗明忠，唐超，吴小立. 培训参与有助于缓解农户相对贫困吗：源自河南省3278份农户问卷调查的实证分析 [J]. 华南师范大学学报（社会科学版），2020（6）：43-56，189-190.

　　[33] 米锋，黄莉莉，孙丰军. 北京鹫峰国家森林公园生态安全评价 [J]. 林业科学，2010，46（11）：52-58.

　　[34] 潘丹，陆雨，孔凡斌. 不同贫困程度农户退耕还林的收入效应 [J]. 林业科学，2020，56（8）：148-161.

　　[35] 彭斌，刘俊昌. 民族地区绿色扶贫新的突破口：广西发展林下经济促农增收脱贫路径初探 [J]. 学术论坛，2013，36（11）：100-104，134.

　　[36] 彭一然. 中国生态文明建设评价指标体系构建与发展策略研究 [D]. 北京：对外经济贸易大学，2016.

　　[37] 沈茂英，杨萍. 生态扶贫内涵及其运行模式研究 [J]. 农村经济，2016（7）：3-8.

　　[38] 孙嘉璐. 基于生态补偿的三江源国家公园精准扶贫模式研究 [J]. 青海环境，2018，28（1）：18-24.

　　[39] 王钢，周绍炳，刘宗泉，等. 发展林下经济助力精准扶贫的问题与对策 [J]. 现代农业科技，2016（21）：133-134，136.

　　[40] 王建和，滕思翰. 生态脱贫与资源管护双赢：内蒙古自治区生态护林员工作纪实 [J]. 内蒙古林业，2018（12）：6-8.

　　[41] 王立安，钟方雷，王静，等. 退耕还林工程对农户缓解贫困的影响分析：以甘肃南部武都区为例 [J]. 干旱区资源与环境，2013，27（7）：78-84.

　　[42] 王敏，方铸，江淑斌. 精准扶贫视域下财政专项扶贫资金管理机制评估：基于云贵高原4个贫困县的调研分析 [J]. 贵州社会科学，2016（10）：12-17.

　　[43] 王庶，岳希明. 退耕还林、非农就业与农民增收：基于21省面板数据的双重差分分析 [J]. 经济研究，2017，52（4）：106-119.

　　[44] 魏凤劲，吴思远. 贫困村寨扶贫政策绩效评估及优化路径：基于武陵山片区追高鲁村寨的实证研究 [J]. 知识经济，2018（19）：27-29，31.

　　[45] 魏名星，李名威，杨美赞. 绩效评价视角下河北省精准扶贫指标体

系的构建与实践分析 [J]. 安徽农业科学, 2017, 45 (24): 242-245.

[46] 温雅馨, 刘思敏, 孟全省. 基于层次分析法的杨凌"扶贫超市"政策绩效研究 [J]. 农村经济与科技, 2018, 29 (13): 140-142.

[47] 巫林洁, 刘滨, 唐云平. 产业扶贫对贫困户收入的影响: 基于江西省1 047户数据 [J]. 调研世界, 2019 (10): 16-20.

[48] 吴国琴. 贫困山区旅游产业扶贫及脱贫绩效评价: 以郝堂村为例 [J]. 河南师范大学学报 (哲学社会科学版), 2017, 44 (4): 63-68.

[49] 吴乐, 孔德帅, 靳乐山. 生态补偿对不同收入农户扶贫效果研究 [J]. 农业技术经济, 2018 (5): 134-144.

[50] 肖玉青. 健康扶贫政策及其评价研究 [J]. 福建江夏学院学报, 2018, 8 (6): 83-89.

[51] 熊雪, 聂凤英, 毕洁颖. 贫困地区农户培训的收入效应: 以云南、贵州和陕西为例的实证研究 [J]. 农业技术经济, 2017 (6): 97-107.

[52] 徐彦平. 西部县域政府扶贫开发政策执行效果实证研究 [D]. 兰州: 兰州大学, 2015.

[53] 薛佃欣. 城镇化进程中城镇反贫困政策绩效评估及绿色发展对策 [D]. 贵阳: 贵州财经大学, 2017.

[54] 薛曜祖. 吕梁山集中连片特困地区科技扶贫的实施效果分析 [J]. 中国农业大学学报, 2018, 23 (5): 218-224.

[55] 杨龙, 李宝仪, 赵阳, 等. 农业产业扶贫的多维贫困瞄准研究 [J]. 中国人口·资源与环境, 2019, 29 (2): 134-144.

[56] 杨文举. 西部农村脱贫新思路: 生态扶贫 [J]. 重庆社会科学, 2002 (2): 36-38.

[57] 张朝辉, 耿玉德, 王太祥. 基于AGIL模型的新疆干旱区林业精准扶贫路径研究 [J]. 林业经济, 2018, 40 (10): 35-40.

[58] 张莉. 论现代林业发展与生态文明建设 [J]. 西部皮革, 2018, 40 (18): 71.

[59] 张彦, 孙帅. 论构建"相对贫困"伦理关怀的可能性及其路径 [J]. 云南社会科学, 2016 (3): 7-13.

[60] 章力建, 吕开宇, 朱立志. 实施生态扶贫战略 提高生态建设和扶贫工作的整体效果 [J]. 中国农业科技导报, 2008 (1): 1-5.

[61] 赵荣, 杨旭东, 陈绍志, 等. 林业扶贫模式研究 [J]. 林业经济, 2014, 36 (8): 98-102.

[62] 郑家喜，江帆. 国家扶贫开发工作重点县政策：驱动增长、缩小差距，还是政策失灵：基于 PSM-DID 方法的研究 [J]. 经济问题探索，2016（12）：43-52.

[63] 郑瑞强，陈燕，张春美，等. 连片特困区财政扶贫资金配置效率测评与机制优化：以江西省罗霄山片区 18 个县（市、区）为分析样本 [J]. 华中农业大学学报（社会科学版），2016（5）：63-69，145.

[64] 邹全程. 关于我国林业扶贫工作浅析 [J]. 华东森林经理，2016，30（3）：5-9.

[65] 左停，王琳瑛，旷宗仁. 工作换福利与贫困社区治理：公益性岗位扶贫的双重效应：以秦巴山区一个行动研究项目为例 [J]. 贵州财经大学学报，2018（3）：85-92.

[66] 左停. 积极拓展公益岗位扶贫政策的思考 [J]. 中国国情国力，2017（11）：18-20.

英文文献

[1] CHEPCHIRCHIR R T, MACHARIA I, MURAGE A W, et al. Impact Assessment of Push-pull Pest Management on Incomes, Productivity and Poverty Among Smallholder Households in Eastern Uganda [J]. Food Security, 2017, 9 (6): 1-14.

[2] CROES R, RIVERA M. Tourism's potential to benefit the poor: A social accounting matrix model applied to Ecuador [J]. Tourism Eco-nomics, 2017, 23 (1): 29-48.

[3] KASSIE M, ASFAW S, SHIFERAW B A, MONYO E, SIAMBI M. Welfare effects of agricultural technology adoption: The case of improved groundnut varieties in rural Malawi [J]. Menale Kassie Berresaw, 2012, 10 (41): 1114-1132

[4] NANAK KAKWANI, HYUN H SON. Poverty Equivalent Growth Rate [J]. International Asociation for Research in Income and Wealth, 2008, 54 (4): 643-655.

[5] SUSAN CHOMBA, THORSTEN TREUE, FERGUS SINCLAIR. The political economy of forest entitlements: can community based forest management reduce vulnerability at the forest margin? [J]. Forest Policy and Economics, 2015 (58): 37-46.